TEA
BOOK

TEA
BOOK

Linda Gaylard 著
磯淵 猛 監修

日本語版に寄せて

　20年以上も前に未来を予想する識者が、21世紀のテーマドリンクとして、水、ハーブ、紅茶の3つを挙げた。水は人の生命に必要不可欠であり、人体のほとんどが水でできている点から、水の研究はさらに飛躍するという見解である。ハーブはただの雑草だが、特に栽培しなくても自然環境の中で育ち、香りや優れた機能性を持っている。そして、紅茶は中国の福建省で最初に作られ、ほんの400年ほどの歴史しかないにもかかわらず、120カ国以上に普及していった。

　茶について言えば、中国は3000年も前から伝えられ、日本でも鎌倉時代から800年の歴史がある。その間に茶を通してマナーやもてなし、コミュニケーション、茶料理から効用に至るまで、幅広い知識と共に生活に溶け込んできた。茶は日本人にとって、もう体にも心にも染み込んだDNAのようなものである。

　本著の著者リンダ・ゲイラードさんはカナダ人である。外国人でありながら、中国、日本、インド、スリランカと茶の栽培から多岐にわたる種類と特徴、さらには、茶と密接な関係を持つバリエーションの副材料となるハーブやスパイスを研究し、総合的な茶飲料として紹介している。

　茶の元祖の中国や日本から見た視点ではなく、まだ素材として新しい茶を、外国人として捉えている点が参考になる。世界から見た茶の発展が楽しみである。

磯淵　猛

目次

はじめに 7

お茶とは？ 8
現代におけるお茶の楽しみ方 10
お茶の最新事情 12
世界を変えた植物 14
生育と収穫 16
テロワール 18
製造工程 20
茶園からティーポットへ 22
チャノキから、色とりどりのお茶 24
抹茶 28
工芸茶 30
お茶の効能 32

これで完璧！お茶の淹れ方 34
リーフそれともティーバッグ？ 36
茶葉の保存方法 38
プロのようにカッピングしてみましょう 40
味わいを最大限に引き出す 42
香味を科学する 48
香味の違いを楽しむ 50
水 52
茶器 54
最新型の茶器 58
茶葉をブレンドする 60

世界各地のお茶 64
中国 74
工夫茶 78
インド 84
スリランカ 92
日本 96
日本の茶の湯 98
台湾 106
韓国 110
韓国の茶礼 112
トルコ 118
ベトナム 120
ケニア 122
インドネシア 124
タイ 125
アメリカ合衆国 128

ティザン 130
ティザンとは 132
根 134
樹皮 136
花 138
葉 140
果実と種子 142
ティザンの材料を用意する 144
ティザンの健康増進作用 146
効能表 148

レシピ 150
緑茶 152
白茶 164
烏龍茶 169
紅茶 176
黄茶 191
ティザン 198

コラム
お茶の歴史 66
アフタヌーンティー 72
中国のお茶文化 76
インドのお茶文化 90
世界各地の習慣 94
ロシアのお茶文化 104
世界各地のティーカップ 108
モロッコのお茶文化 126
アイスティー 162
コンブチャ 174
マサラチャイ 182
タピオカティー 192

用語集 218
索引 219

はじめに

　人との会話の中で「私、お茶ソムリエなんです」というと、よく聞かれることが2つあります。「お茶のソムリエって何ですか?」と「何がきっかけでそこまでお茶に興味を持ったんですか?」という質問です。

　まずは2つ目の質問に答えようと思います。もしかしたら、何かはっきりとしたきっかけがあって、ティーバッグを捨てて「お茶の真の道」を歩むに至った、と思われるかもしれません。でも、実はそうではないんです。徐々にリーフティーを飲むようになり、ゆっくりと着実に私の中でお茶の見方が変わっていきました。勉強したり、経験を積んだり、お茶の産地を訪ねてみたり、業界のスペシャリストから学んだりしていたら、いつの間にかお茶の世界にのめり込んでいたのです。

　他国のお茶文化の細部に込められた意味に少しずつ気づくにつれて、独特の茶葉や伝統的な淹れ方、供し方への理解が深まっていきました。儀式や伝統行事では形式を尊重するべきですが、現代では、ティーミクソロジー、水出し茶、ラテなどをはじめ、さまざまな新しい楽しみ方も提案されています。新しい淹れ方に出会うのもおもしろいですよ。私はたまに、異なる文化の作法を融合させてみたりしています。

　1つ目の質問に答えていませんでしたね。「きっかけ」のお話が、「お茶ソムリエの正体」のヒントになったのではないでしょうか。お茶ソムリエは、ティーバッグとマグカップでしか飲まないような人に対して、もっと広いお茶の世界を楽しんでもらうというむずかしい役割を担っています。ティーバッグがすべてではありません。お茶の不思議、歴史、旅、産業、文化、儀式…、あなたの知らない世界がそこには広がっているのです。

　この『Tea Book』が、魅力的で広大なお茶の宇宙に足を踏み入れるきっかけになれば幸いです。リーフティーを淹れたことのない方や、烏龍茶とプーアル茶の違いをご存じでない方も、きっと興味を持てるものが見つかるでしょう。お茶や、お茶が織りなす世界について、自分なりの魅力を見つけてみませんか。

リンダ・ゲイラード

お茶とは？

現代におけるお茶の楽しみ方

良質なリーフタイプのお茶や抽出器具がかつてないほどに充実している現在では、お茶の知識や新しい楽しみ方を追い求めるお茶ファンの文化が生まれています。

　20世紀の前半までは、世界中どこにいってもお茶といえばリーフティーしかありませんでした。しかし、生活様式の変化とともに、香りや伝統よりも利便性が重視されるようになり、ティーバッグで淹れる手軽さに消費者の気持ちが傾いていきました。そして現代では、目の肥えた人たちはリーフティーに回帰しています。彼らは、テイスティングの技術を磨くだけでなく、自宅、レストラン、カフェで淹れられる良質なお茶の数々について、知識を蓄えることに余念がありません。お茶に興味を持ったなら、古くから伝わる茶会の作法など、世界各地のお茶の文化を調べてみたり、生産者、販売者、お茶のスペシャリストやブロガーとインターネットを通じてつながって、各国のお茶について情報を共有・蓄積したりしてみましょう。

街中に広がるお茶の文化

　こうしたお茶への情熱は、一過性の流行などではありません。最上のお茶の種類や取扱店が増える一方であることが、それを物語っています。どのスーパーマーケットの棚にも多種多様なリーフタイプの茶葉が並べられているほか、ジャスミンパールや中国の緑茶や白毫銀針さえも、利便性の高い新型のティーバッグ（良質なリーフタイプの茶葉が入ったピラミッド型の綿のティーバッグ）で手に入ります。世界各地のお茶を豊富に取り揃えた専門店を見つけるのに町外れまで歩く必要はありません。以前はコーヒーと一般的な紅茶しか出していなかったカフェも、高品質のリーフティーのメニューを設け、知識豊富なスタッフが最新の茶器でお茶をサーブしています。レストランではお茶のメニューが増え、お茶を使ったカクテルや料理を出す「ティーバー」さえも登場しています。ユニークでエキゾチックなお茶が日常に溶け込み、お茶の流行は拡大の一途をたどっています。

　プレミアムな高品質のお茶に触れる機会が増えている昨今では、新世代のお茶ファンが生まれています。原産国や生産者への訪問、お茶の慣習の勉強にとどまらず、めずらしいプーアル茶や希少な緑茶をお土産にしてお茶好き同士で楽しむのが彼ら流です。

ミクソロジー
お茶がぴったり合えば、足し算を超えた、重層的な香りと複雑な味わいのカクテルの完成です。

日本茶
煎茶をはじめとする日本茶は、その繊細な甘みと爽やかな海のような香りが有名です。

甘いアイスティー
北米では1世紀以上も親しまれています。

お茶の最新事情

数百年以上もの歴史があるお茶文化。近年、お茶への関心の再燃により、新しいお茶が続々と誕生し、世界各地の最高のお茶、伝統、儀式が日常生活に浸透してきています。

抹茶ブーム

　健康志向の人々の間では、いま抹茶がブーム。朝のショットグラスでの一気飲み（カフェインと抗酸化物質でシャッキリ）、クリーミーラテ、スムージー、紙パックのほか、ショートブレッドやマカロンに練り込んでも美味です。

ティーミクソロジー

　バラエティ豊かで斬新な味わいがあるお茶は、いまやカクテルをおいしく仕上げる材料に仲間入りしています。高級バーに登場している「ティーティニス」（マルティーニ＋ティー）は、自宅でも簡単に作れます。

デザートティー

　カクテルと同様、画期的な新しい「デザートティー」（P.62〜63を参照）も生まれています。フルーツ、チョコレート、スパイスなどをお茶とミキサーで混ぜ合わせ、デザートメニューを再現したドリンクです。

微生物発酵茶

　欧米のショップではコンブチャ（生菌を豊富に含む発泡性の発酵茶）が増殖中。スーパーマーケットにはさまざまなフレーバーのものが瓶詰めされて並び、バーではカクテルの材料に使われています。自作するのも楽しいです（P.174を参照）。

ごちそうグルメ

　食材としてのお茶の人気が急上昇し、高級レストランのテーブルを彩っています。マサラチャイ・スコーンや緑茶のサラダドレッシング、肉に揉み込むラプサンスーチョンのドライラブを試してみては？

スーパーマーケットの棚に続々と進出する高品質の茶葉の数々。

ヘルシードリンク

お茶は古くから健康のために飲まれてきましたが、数々の新しい研究により、先駆者たちが思いもよらなかった効能に光が当たっています。さらに、「健康志向」によって人気が集まっている緑茶は、世界的な需要に応えるため、インドやスリランカなど、新たに栽培を始める国も出てきています。

外出先でも

街中の多くの小売店、カフェ、自動販売機には、持ち歩きに最適なペットボトルのお茶が並んでいます。無添加のものから、フルーツやココナッツゼリーといった変わりものを添加した商品まで、ペットボトルのお茶はかつてない広がりをみせています。

タピオカティー

1980年代に台湾で初めて登場した、おいしく飲めるカラフルなタピオカティー（P.192を参照）が、いま世界を席巻しています。特大のストロー、底にたまった噛みごたえのある香り豊かなタピオカ。何から何まで飲むのが楽しい一品です。

冷えたのが一番

ホットよりも自然の甘みが抽出され、カフェインの量も抑えられる水出し茶が、流行の兆しをみせています。使いやすいインフューザーや工夫を凝らした茶器など、ひんやりと美味しいお茶を楽しむためのさまざまな抽出器具が登場しています。

世界を変えた植物

世界中で無数の種類のお茶が生産され、消費されています。見た目や味は似ても似つきませんが、これらのお茶はすべて同じ常緑樹「チャノキ」(学名カメリア・シネンシス)の葉から作られているのです。

カメリア・シネンシス

カメリア・シネンシスには2つの品種があります。1つは「カメリア・シネンシス・シネンシス」という品種(通称:中国種)で、明るい・フレッシュ・リッチ・麦芽のような香味のお茶が生まれます。中国、台湾、日本といった山岳地域の高地など、冷涼で霧がちな気候に適した小葉種です。中国種は、剪定しなければ6mほどの高さに育ちます。もう1つは「カメリア・シネンシス・アサミカ」(通称:アッサム種)。インド、スリランカ、ケニアなどの熱帯地域でよく育つ大葉種です。葉は最大で長さ20cmほどに成長し、野生種は15mもの高さに育ちます。アッサム種からは、まろやか・草・爽やか・麦芽のような香味のお茶が生まれます。

栽培品種—チャノキの個性

チャノキの特徴の1つに、周囲の環境に自然と適応できる能力があります。生育する地域に完全に適応できるのです。多くの生産者は、きわ立った個性のあるお茶を生み出すために、「栽培品種」を開発します。こうした栽培品種は、独特の味や干ばつ耐性、虫除け効果といった、明確な性質を持つ樹を掛け合わせて作られます。

人工的な品種改良や自然交配によって、現在では500もの品種が存在します。なかには特定のお茶のためだけに作られた品種もあり、白茶の白毫銀針用の「大白毫(だいはくごう)」や日本の最も主要な栽培品種の「やぶきた」などがそれにあたります。

チャノキの栽培
マレーシアのキャメロン高地に広がる典型的な段々畑(上)。中国種はゆっくりと育つため、微妙な味わいが生まれます(右)。

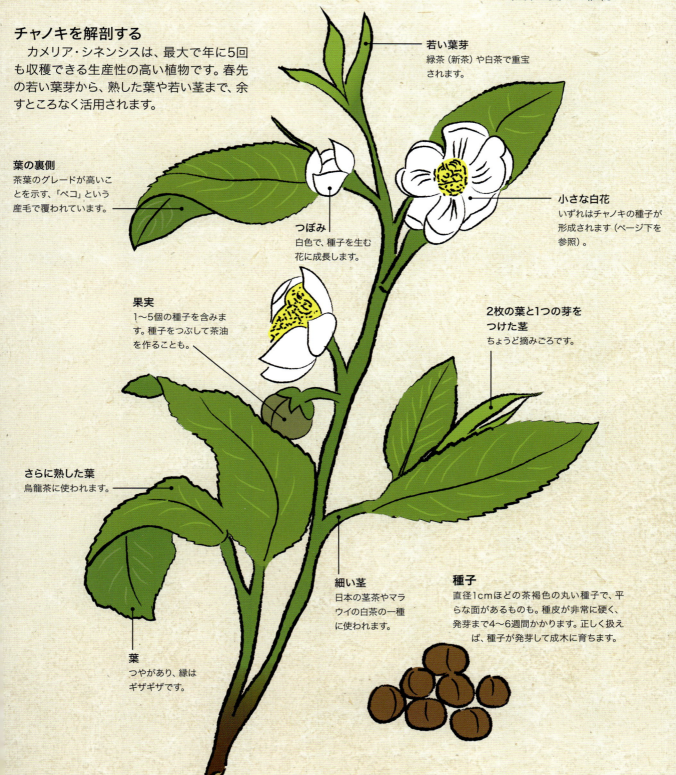

生育と収穫

チャノキの成木は丈夫で、多様な気象に耐えられますが、種子からだと成長が遅いのが難点。そのため生産者は、種子を発芽させ成熟するまで、若木を大切に手入れして育てます。

種子繁殖 vs 挿し木法

チャノキを育てる目的は、花や果実（種子）ではなく葉にあります。生育期間を通して、できるだけ頻繁に新芽が出るように育て、十分な収穫量を確保するのが最終目標です。新しい木を栽培する場合、さまざまな選択肢がありますが、職人肌の生産者の多くは種子から育てます。これは、種皮を破り地表に這い出る過程を経ることで成木の頑丈さが増す、と考えるため。一方で、たいていの生産者は挿し木法で繁殖させます。挿し穂から成長した成木は、母株のクローンになります。種子繁殖よりもいくぶん早く収穫することができるほか、母株の特徴を確実に受け継ぐので、多くの生産者にとっての安全策といえます。

種子からの生育

花から種子ができるまでは1年以上かかります。夏につぼみをつけ始め、初秋に花を咲かせます。翌年の寒くなる季節（10月～1月）に種子を落とすので、落ちたらすぐに集めます。中国では晩秋～初冬に種子を集めます。

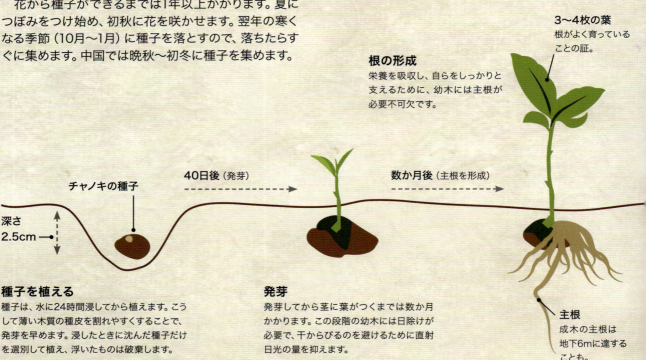

種子を植える
種子は、水に24時間浸してから植えます。こうして薄い木質の種皮を割れやすくすることで、発芽を早めます。浸したときに沈んだ種子だけを選別して植え、浮いたものは破棄します。

発芽
発芽してから茎に葉がつくまでは数か月かかります。この段階の幼木には日除けが必要で、干からびるのを避けるために直射日光の量を抑えます。

根の形成
栄養を吸収し、自らをしっかりと支えるために、幼木には主根が必要不可欠です。

3～4枚の葉
根がよく育っていることの証。

主根
成木の主根は地下6mに達することも。

深さ2.5cm
チャノキの種子
40日後（発芽）
数か月後（主根を形成）

生育と収穫 17

マザーリーフという
挿し穂
(2.5〜5cm長さ)

挿し木法による繁殖

休眠期（乾期）には、成木の若い主枝（「母株」の主幹から直接枝分かれしている若枝）の中間あたりを、健康な葉を1枚だけ残して2.5cm〜5cm切り取ります（＝挿し穂）。挿し穂は、葉の上を5mm、下を2.5cm程度残すようにして鋭利なナイフで斜めに切断し、鉢植えに植えます。挿し穂に直射日光が当たらないようにし、葉に毎日霧吹きをします。

12〜15か月すると、挿し穂から根が生え、農園に移せるようになります。その後さらに12〜15か月すれば、1回目の収穫を迎えられます。挿し穂から収穫までは合計で2〜3年です。挿し穂から成長した木の寿命は30〜40年ほどですが、種子から育ったものは数百年にわたって葉をつけることも。中国の雲南省には、推定で樹齢2000年にもなる野生のチャノキがあります。

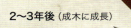 2〜3年後（成木に成長）　　5〜7年後（摘みごろを迎える）

剪定
成木は高さ1〜1.2mほどになります。適切な形状を保ち、摘みやすい高さにするため、1株の枝の本数を30本ほどにするのが目標です。生育開始から2年後の休眠期に1回目の剪定を行います。その後は、軽めの剪定を年に1回行い、若返りをはかるための、葉と2次枝をすべて刈り取る大規模な剪定を3〜4年に1回行います。

摘み取る芽と葉
手摘みは業界基準に従って行います。製茶には、新芽とその下の2〜3枚の小葉を茎ごと摘んだものが好まれ、このように摘むことを「一芯二葉」または「一芯三葉」といいます。

テロワール

ワインと同じように、チャノキにはそれぞれ個性があり、同じ品種であっても地域によって味わいが異なります。これは、「テロワール（栽培地）」と呼ばれる総合的な環境や、生育する生態系が異なるためです。

チャノキの生育環境は、木の発育や品質に大きく影響します。標高、土壌、気候条件といった自然の要素は、茶葉の味わいや個性を左右するだけでなく、茶葉に含まれるビタミンやミネラルなどの化合物の量にも影響を与えます。生産者としては、種々の気象要素が一定であれば毎年の収穫量を自在にコントロールできるのにと思うかもしれませんが、自然界に不変はありません。異常気象、降水量の減少、土壌の栄養低下により、発育が悪化し、ひいては製茶方法の変更を迫られることもあるのです。

傾斜地で生育
水はけが良く、生育に適します。土壌の水分が多いと根腐れします。

緯度と標高
霜と乾燥が多すぎない、北緯40度から南緯30度の間の亜熱帯地域で最もよく育ちます。ケニアなどの一部の生産国は赤道直下にありますが、高地で栽培することで、生育に適した冷涼な気温を確保しています。

標高
チャノキは海抜125m〜2450mの標高で育ちます。低地にくらべて日光量が少なく気温が冷涼な、海抜2000m前後が最適です。

根
根は傾斜地の木をしっかりと支え、水分や栄養を土壌から吸収します。

土壌
堆肥を敷いた、酸性質（pH4.4〜5.5）のやわらかい土壌が最適です。重い粘性土は主根の成長を妨げます。

2,450m

海水面

テロワール　19

気候
雨量、風速、風向き、寒暖の差は、収穫の成否をわけることもある、きわめて重要な要素です。

雨量
チャノキの育生には年間1500mm以上の雨量が必要です。ただし多すぎるのはNG。体内を新しく作り変えるために年間3〜4か月の乾期が必要で、それがないと成長サイクルを再開できません。

日照時間
1日に5時間以上日光を浴びるとよく育ちます。

雲
雲は直射日光を抑えてくれます。

斜面の向き
傾斜地で栽培する場合、斜面の向きが日照時間を左右します。

霧
湿気を与え、直射日光から守ってくれる霧は、チャノキの味方です。

樹木
計画的に落葉樹を植えて日除けにする茶園も多いです。

影
樹木が作る影が、チャノキの温度上昇を抑えます。

チャノキのプランテーション
インドのダージリン地方のカーシオンにあるプランテーション。緻密な計算を元に配置された落葉樹が影を作ります。

製造工程

茶葉からティーポットへ…。その道のりの出発点である茶園では、商業生産のために、茶葉が大切に育てられているのです。

茶園の種類

チャノキを生育する茶園は大小さまざま。10ヘクタール未満の小規模な「ガーデン」から、多くの労働者を雇う数百ヘクタールの「プランテーション」まで多岐にわたります。面積にかかわらず茶園の目的は同じですが、その違いは面積あたりの収穫量と種類の多さにあります。また、出荷先の市場の好みに合った茶葉を作るため、どの茶園も生育や製造方法が異なります。大規模な茶園はオークションや仲介業者を通じて茶葉をトン単位で売りさばき、コンテナ船を使って大がかりな輸送を行う一方、小規模な茶園は、輸入業者、卸売業者、小売企業に直接販売します。

茶園の風景
波打つようにうねる農園や、木々がきっちり整列した農園。

大規模茶園

主に量産を目的として、速く安く生産することに注力し、試行錯誤して開発した栽培品種以外はほとんど栽培しません。また、十分な収穫量を確保するために安全性が認められた化学肥料や殺虫剤を使用することもあり、最新型の工場設備を用いて製茶を迅速化しています。

シングルオリジン（個人経営）の茶園

大規模茶園のなかには、先祖代々の遺産に絶対的なプライドを持つところも。他園の茶葉を混ぜずに、伝統を守ってきたリーフティーを生産します。こうした単一茶園やシングルオリジンの茶葉は、その茶園のテロワールでしか生まれない味のオリジナリティが評価されています。そのため、毎年一定の味わいを生み出すことには大規模型茶園ほど固執しません。

職人の茶園

茶園の中には、職人の茶園というもう1つのカテゴリーもあります。シングルオリジンの茶園よりも小さく、10ヘクタール未満のものが一般的です。こうした茶園の成否は、生育環境におけるチャノキの自然な育ち方に対する職人の理解度や、摘んだ茶葉の扱いの熟練度にかかっています。茶園の手入れからバイヤーを交えたテイスティングまで、すべての工程を自らの手で行います。

オリジナルの味わい
シングルオリジンの茶葉は、茶園特有の味わいが人気の秘密です。

製茶の製法

ご存じのように、お茶を淹れるのに使う茶葉には、小さな砂の粒に見えるものや、摘んだそのままの形に見えるものなどがあります。こうした違いには、製茶方法が大きく影響しています。工場での製茶では、CTC製法（押しつぶす、引きちぎる、丸める）とオーソドックス製法の2種類が使われています。

CTC製法

産業機械を使って茶葉を加工する、1930年代に発明された製法です。グレードの低い肉厚で大ぶりな茶葉を、ブレードで切り、押しつぶし、傷つけ（酸化発酵を早めるため）、均等な小粒に丸めた後、酸化発酵させます。紅茶のみで使われる製法で、たいていは大量生産の紅茶として使われます。中国を除く、インド、ケニア、スリランカで作られ普及しています。

オーソドックス製法

全部または一部を手作業で行い、できるだけ葉の形を残すことを目指します。CTC製法で製茶する量産用の紅茶を除き、すべてのお茶で標準的な製法です。フルリーフ（全葉）は品質体系の上位に位置し、崩れた茶葉は、インド、スリランカ、ケニアではイギリスのグレード体系（P.90を参照）でランク付けされ、ランクに応じて価格が決められます。こうした茶葉への需要の高まりから、現在、採用する生産者が増えています。

品質と量、量と価格は反比例の関係にあります。量が減ったとしても、グラムあたりの価格が上がるので差分を埋められます。

全葉
ホッパーに投入します。

茶葉
大きなブレードで押しつぶされ、引きちぎられ、丸められます。

加工後の茶葉
反対側から排出され、酸化発酵に移ります。

ローターバン
CTC工場では、ローターバンを製茶工程で重要な機械として使います。

フルリーフ
オーソドックス製法では、葉の形を残した「フルリーフ」を目指します。乾燥した葉はもろいため、工程の終盤で砕けることもあります。

粒状の茶葉
CTC機を通した茶葉は微細なちり状の粒（＝ファニング）になるため、主にティーバッグ向けです。味が素早く抽出されます。

22　お茶とは？

茶園からティーポットへ

製茶は、茶葉を摘み取って乾燥させるだけでは終わりません。最初の摘み取りから製品の完成に至るまでには一連の工程を経る必要があり、1つひとつのすべての工程がすべて重要な役割を果たしています。

どの国や地域にも独特の製茶方法があります。手作りの茶葉は千差万別で、村や作り手ごとに製法が異なるほど。それでも、何世紀も変わらない普遍的な製法は存在します。中国、インド、日本、韓国の生産の最盛期には、生産者は夜を徹して作業します。摘み取りの時期は非常に限られるうえ、摘み取ったその瞬間から茶葉は劣化を始めてしまうのです。

製茶工程

すべてのお茶が同じ工程を経るわけではありません。紅茶や烏龍茶などは多くの工程を経るのに対し、黄茶などは最小限の加工で完成に至ります。次ページの凡例をもとに、「摘採」から右に各工程を進み、完成までたどってみましょう。

摘採（てきさい）

茶葉は、新芽が出る初春（特にダージリン地方）、初夏、秋（地域による）のように、いくつかの生育時期に分けて摘みます。赤道付近のケニアなどでは収穫は一年中続きます。傾斜地ではまだ手摘みが主流で、その重労働の担い手の大半は女性です。

萎凋（いちょう）

生葉の75％は水分です。後工程で揉みやすくなるように、天日乾燥（白茶やプーアル茶）するか、工場内の換気した管理環境（20〜24℃に維持）にある棚に広げて水分を飛ばします。お茶にもよりますが、平均で約15時間萎らせます。

揉捻（じゅうねん）

水分が蒸発すると葉汁が少なくなり萎れて、丸める・ねじる・巻くなどの加工がしやすくなります。この工程では、葉の細胞壁を壊すことで、酸化発酵を促したり（烏龍茶や紅茶）、香り成分を表面に出したりします（緑茶や黄茶）。

すべての酸化発酵を止める

緑茶と黄茶のみで行います。工場内での意図的な萎凋はせず、短時間送風して水分を蒸発させます。その後、蒸すか釜で炒って殺青し、酵素を壊してすばやく酸化発酵を止めます。これにより、葉の香り成分や揮発性のオイルを閉じ込めます。

茶園からティーポットへ　23

凡例
- □ 白茶
- ■ 紅茶／烏龍茶
- ■ プーアル茶
- ■ 緑茶
- ■ 黄茶

微生物発酵
プーアル茶は揉捻後に蒸してから成形し、発酵させます。自然発酵を利用し、年数をかけてゆっくりと微生物を培養させる方法と、湿度管理した保管室で数か月発酵させ、年代物の味わいを出す熟成茶の2種類があります。

ファーストフラッシュ
冬の休眠期後に栄養が回って萌芽（=flush）する初春に、若い新芽を摘み取ります。

酸化発酵
この過程で、葉の酵素がテアフラビン（味成分）とテアルビジン（色成分）に変化します。酸化発酵は、湿潤な環境下の棚に葉を広げ、数時間かけて行います。完全に発酵した（紅茶）または目的の発酵度に達した（烏龍茶）と責任者が判断したら終了です。

火入れ／乾燥
元来は籠や鍋に入れて炭火にかけていましたが、現在はほとんどの茶葉で乾燥機を使います。ラプサンスーチョンや龍井（ロンジン）茶などは、その独自の製法と味を守るために現在でも伝統的な方法で乾燥させます。乾燥後の水分含有率はわずか2〜3%になります。

区分け
加工後、手や機械で等級別に区分けします。赤外線カメラを搭載した一部の機械では、葉の大きさを検知してグレードごとに分け、茎などの不要な物質を除去できます。オーソドックス製法が上手くいくと、フルリーフの割合の多い、グレードの高い茶葉に仕上がります。

悶黄（もんおう）
殺青後、黄茶は、茶葉を広げて重ね、湿った布で包んで長時間寝かせる「悶黄」に移ります。高温多湿な環境により、茶葉が黄みを帯びます。

24　お茶とは？

チャノキから、色とりどりのお茶

世界各地で作られている色とりどりのお茶。原料はすべてチャノキですが、製造方法も違えば個性も違い、独自の味やコクが生まれます。お茶は大きく6種類に分類され、甘く香り高いお茶から、チョコとナッツ風味のお茶まで、あらゆる味を楽しめます。

🍃 緑茶

　不発酵茶の緑茶は、見た目からは生葉に最も近く、冬の休眠期空けに根から送られる栄養素とオイルを豊富に含んだ小さな葉芽を、春先に摘んで作られます。フレッシュさとはかなさ（賞味期限は約6〜8カ月）が人気です。中国で最も評価が高いのは、4月初旬の清明節前に摘んだ「明前茶」という緑茶。形状は、平たいものや針状・勾玉状・玉状のもの、細かくねじったものなどさまざまです。

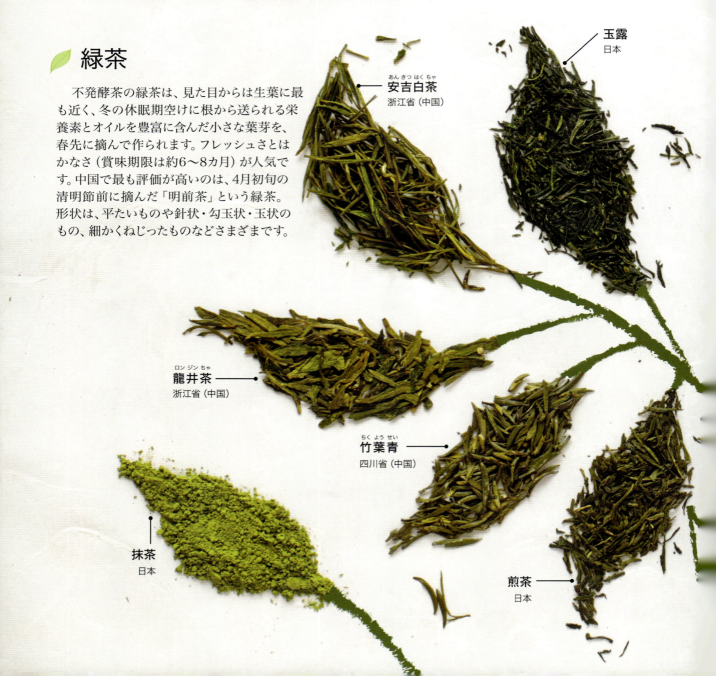

玉露
日本

安吉白茶（あんきつはくちゃ）
浙江省（中国）

龍井茶（ロンジンちゃ）
浙江省（中国）

竹葉青（ちくようせい）
四川省（中国）

抹茶
日本

煎茶
日本

🍃 白茶

中国福建省が主な産地。最も工程数が少ない一方、製茶には2〜3日を要します。約2日間の長い萎凋により自然の酸化発酵をわずかに進め、弱火で火入れし、区分けした後、再度火入れします。まだ白い産毛（＝ペコ）を持った芽と若い葉を使うものや、少し酸化の進んだ大きめの葉を使うものなど、複数の種類が存在します。芽に凝縮されたカテキンやポリフェノールをはじめ、免疫系を強める抗酸化物質が豊富に含まれ、最も健康的なお茶とされています。

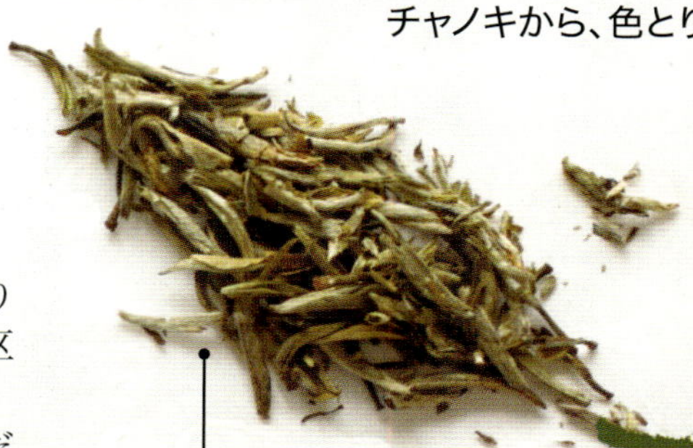

白牡丹（はくぼたん）
福建省（中国）

白毫銀針（はくごうぎんしん）
福建省（中国）

寿眉（じゅび）
福建省（中国）

大紅袍（だいこうほう）
福建省（中国）

鉄観音（てっかんのん）
福建省（中国）

🍃 烏龍茶

烏龍茶は福建省や台湾の山の斜面で生産されます。成育した良質な葉を使い、過酷な工程を経て作られる半発酵茶です。数時間萎凋した後、回転ドラムや手で揺らして葉傷を付けて細胞壁を壊し、酸化発酵中の味成分の抽出を促します。酸化発酵は、責任者が適度な発酵度に達したと判断するまで数時間続きます。その後、火入れ（釜炒り）して発酵を止め、揉捻し、再度火入れ（焙煎）します。弱発酵の茶葉はつやのある深緑色で、小さく丸まった形をしているのに対し、強発酵の茶葉は黒色で、細長くねじれた形です。

紅茶

完全発酵茶である紅茶は、ケニアや多くのアジア諸国（スリランカ、中国、インドなど）で生産されており、その大半がティーバッグ用です。複数の茶葉を混ぜてブレックファーストやアフタヌーンなどのブレンドにするのが普通で、ミルクや砂糖を加えて香味を高めることもあります。英語では、茶葉が黒いことから「ブラックティー」と呼ばれます。さわやかなキレ、麦芽のような香ばしさ、濃厚なコク、すがすがしい味は、酸化発酵によって生まれます。

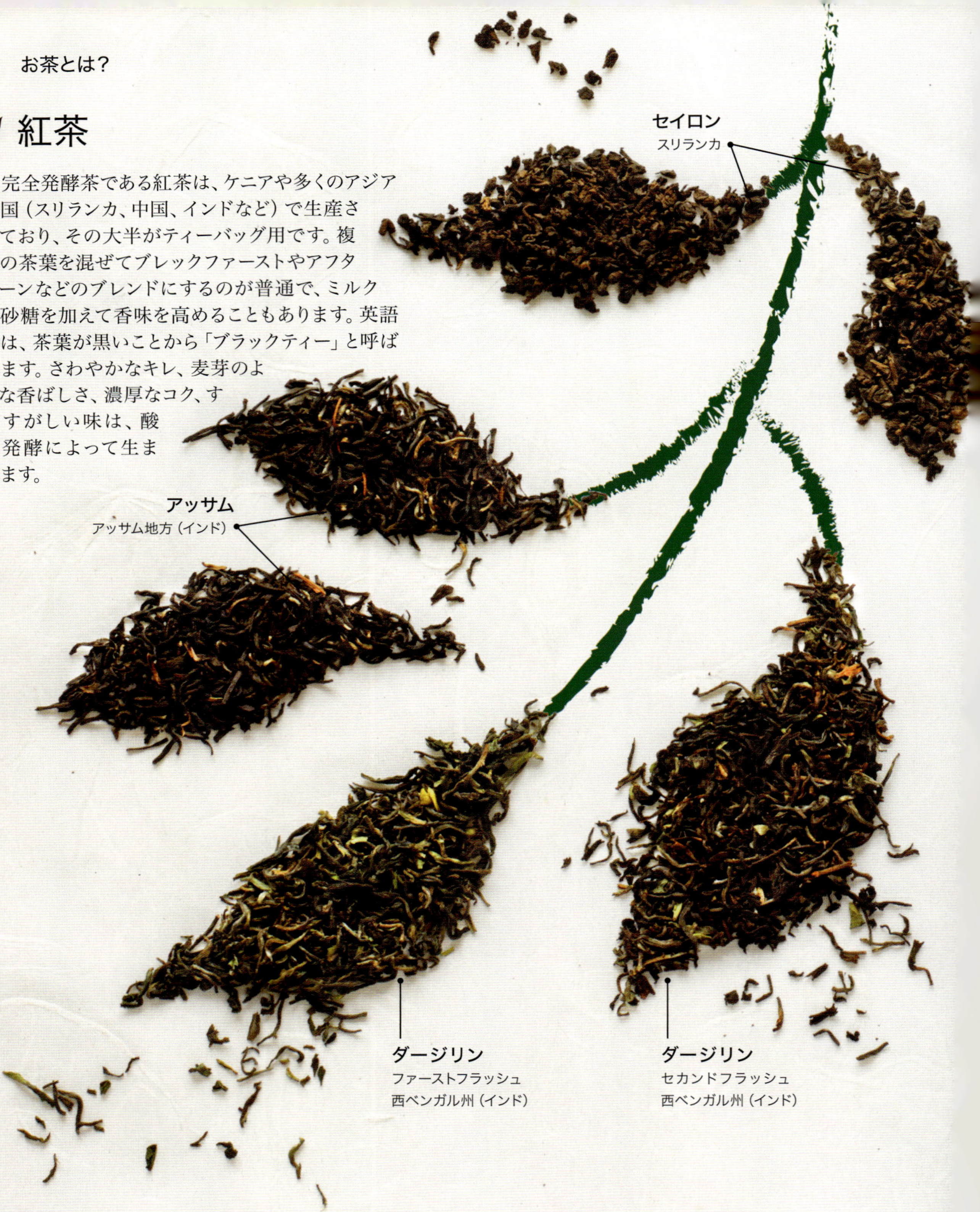

セイロン
スリランカ

アッサム
アッサム地方（インド）

ダージリン
ファーストフラッシュ
西ベンガル州（インド）

ダージリン
セカンドフラッシュ
西ベンガル州（インド）

チャノキから、色とりどりのお茶　27

🍃 プーアル茶

後発酵茶であるプーアル茶は、中国雲南省の産地が名前の由来。茶葉に含まれる善玉菌が消化を助け、健康的な免疫系を作るため、ダイエットドリンクとして広く飲まれています。製茶後の茶葉を蒸して円形に固め、数年寝かせてから販売されます。リーフタイプもあります。自然の経年発酵に任せる生茶と、発酵を早めて作る成茶の2種類があります。雲南省以外の省でも、「黒茶」という似たお茶が作られています。熟成させた後発発酵茶のなかでもプーアル茶はマニアからの需要が高く、何十年も寝かせ、複雑な香味が増した味わい（土・かび・革・チョコ・木など）を楽しむ人もいます。

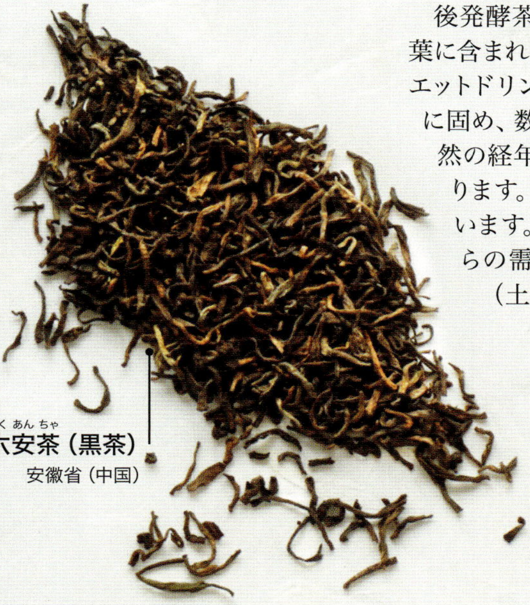

六安茶（黒茶）
ろくあんちゃ
安徽省（中国）

プーアル沱茶（熟茶）
だちゃ
雲南省（中国）

🍃 黄茶

産地が湖南省や四川省などの中国のごく一部に限られ、生産量・輸出量ともにほんのわずかしかないため、希少性が高いお茶です。緑茶と同様、最上グレードがつくのは初春の茶葉。フレッシュで繊細な味わいが特徴です。製茶中に黄みがかることから（P.23を参照）、黄茶と呼ばれます。

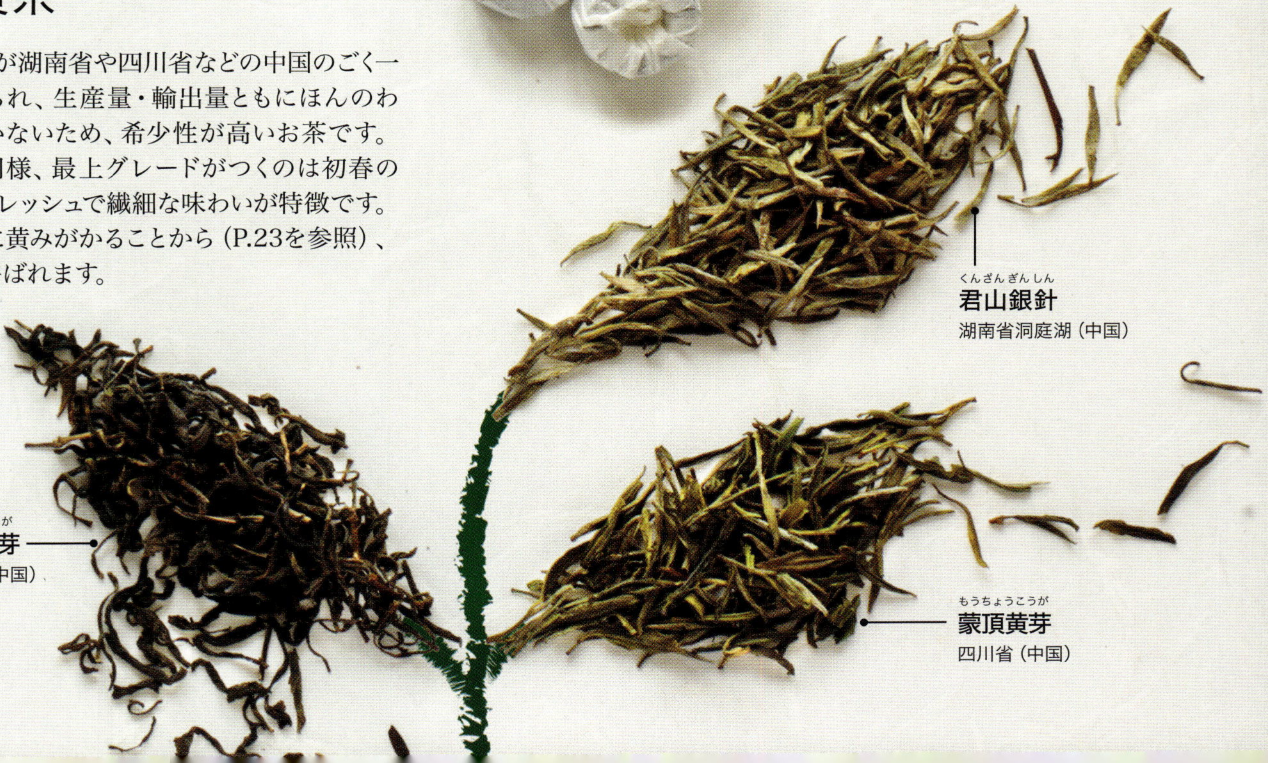

君山銀針
くんざんぎんしん
湖南省洞庭湖（中国）

莫干黄芽
ばっかんこうが
浙江省（中国）

蒙頂黄芽
もうちょうこうが
四川省（中国）

抹茶

抗酸化物質を豊富に含む鮮やかな色彩の抹茶は、いま世界中で人気沸騰中です。その歴史はなんと1000年以上。力強く濃い味わいがあり、活力がみなぎることから、「お茶界のエスプレッソ」とも称されます。

魔法のお茶

　抹茶の歴史は唐代の中国にまでさかのぼります。当時主流だった中国の粉末状のお茶を遣唐使の学僧が持ち帰ったことから、日本にお茶が伝わりました。やがて抹茶は日本のお茶文化の中核を成し、茶の湯（茶道）で用いられるようになりました。現在、抹茶用の最高品質の茶葉は宇治地方で栽培されています。

　抹茶独特の鮮烈な緑色は、収穫の数週間前に人工的に日陰を作り、クロロフィルの生産を刺激することで生まれます。摘んだ芽は、蒸してから乾燥させ、茎や葉脈を除去します。この碾茶（てんちゃ）と呼ばれる茶葉を茶臼で挽いて微粉にします。30g分を挽くのに最大で1時間かかります。

　茶葉を丸ごと飲み物にするため、カフェイン含有量が多く、通常の緑茶よりも健康成分が豊富です。抗がん作用があるエピガロカテキンガレート（EGCg）や、心の平静や記憶力・集中力の向上に寄与するL-テアニンなど、抗酸化物質も数多く含みます。

　お茶会向けの濃茶と薄茶のほかに、グレードの低い製菓用があります。薄茶は最も広く流通していて、日常的な使用に最適です。濃茶は正式な茶道でのみ使うのが普通です。最も品質が低い製菓用の抹茶はずっと手頃な値段で手に入り、マカロンやケーキ、アイスクリームなどの製菓に適しています。

茶杓（ちゃしゃく）

茶碗

抹茶の効能
茶葉を丸ごと使うため、栄養素の効能はほかのお茶を凌駕します。デトックス効果や免疫系の強化をもたらすほか、活力を生み、代謝を活性化します。

抹茶　29

抹茶ラテ
クリーミーでふわふわのラテは人気の抹茶メニュー。ミルクで風味が和らぎ、まろみがでます。P.157では、おいしいホワイトチョコレートの抹茶ラテのレシピを紹介しています。

抹茶マカロン
抹茶を練り込み、マカロンの甘さの中にほんのりとした草の風味を演出。

抹茶

茶筅（ちゃせん）

作り方

ふわふわで濃厚なドリンクで、手軽にエネルギーチャージ。

用意するもの

材料
ふるいにかけた抹茶（薄茶）
　　　　　…小さじ1/2〜1
75℃の湯…120〜175ml

1　温めた茶碗またはシリアルボウルに抹茶を入れ、湯を少量加えます。茶筅（泡立て器など）で混ぜ、とろみのあるペーストにします。

2　1に残りの湯を加え、WやNを描くように茶筅ですばやく混ぜます。お茶がなめらかでふわふわになったら完成です。

抹茶ケーキ
ケーキやアイシングの材料に、大さじ2〜3杯の抹茶を添加するだけで、鮮やかな緑色に仕上がります。多く入れすぎると苦みが出るので注意しましょう。

工芸茶

工芸茶（または花茶）は、生花を白茶用の茶葉で包んだお茶です。お湯に浸すと花が開き、中の花びらが咲き開きます。

　中国福建省が発祥の工芸茶は、女性たちの俊敏な手さばきで作られます。なかには1日に400個を仕上げる職人もいるほど。茶葉、花、糸を複雑に編み込み、直径2cmほどの球状のお茶が出来上がります。

　編み込みに使うのは、緑茶用に加工した白毫銀針です。若い芽には柔軟性があり、扱いやすく、抽出時の見た目も良いためです。まず、茶葉を丁寧に編んで底の部分を作ります。それから、乾燥させた花（キンモクセイ、ジャスミン、キク、ユリ、マリーゴールドなど）を糸で結び、茶葉と結び付けます。花を重ねる順序で、開花の仕方が決まります。

　工芸茶では、幸福、繁栄、愛などの意味を込めたり、春の開花などの概念を描き出したりします。最後に花の上部を結び、布に包みます。これにより熱湯を注ぐまで形が保たれます。

　選ぶときは、花があまり色あせていない、フルリーフタイプにしましょう。

　工芸茶が最も映えるのはガラスのティーポットですが、余熱した背の高いタンブラーグラスやガラスのピッチャーでも良いでしょう。ティーポットに工芸茶を入れ、花の上から75〜80℃のお湯をゆっくりと注ぎ、ポットの3分の2まで満たします。1〜2分で花が開き始め、色鮮やかな花びらが現れます。

　白茶用の芽は緑茶と同じように加工してあるため、1つの工芸茶で3〜4煎は淹れられます。お茶を飲み終えたら、ピッチャーに新鮮な冷水を入れて数日間観賞用に飾ってみましょう。

1日に400個以上を仕上げる熟練の職人も。

お茶の効能

お茶には、ポリフェノール、L−テアニン、カテキンといった抗酸化作用を持つ物質がふんだんに含まれ、これらが免疫系の強化を助けます。こうした物質を豊富に含む若葉を最小限の加工で作る緑茶と白茶は、数あるお茶の中で最も健康に良いとされます。

お茶は当初、中国で、体温調節作用や興奮作用がある薬として飲まれており、17世紀にヨーロッパに伝来したときも、強壮剤や胃腸薬として薬屋で販売されていました。お茶が社交の飲み物となったのは、やっと18世紀前半になってから。以来、お茶は日常的な飲料へと発展し、そのさまざまな効能が評価されています。

お茶の効能について多くの科学者が研究に取り組んでいる一方、まだまだ解明されていない点も多くあります。チャノキを原料としたあらゆるお茶には効能がありますが、特に緑茶に多くの注目が集まっており、大半の研究では、効能を得るために1日に3杯以上を飲むことが推奨されています。

お茶と身体の関係

心身の健康づくりを後押ししてくれるお茶には、お茶独自の化合物が豊富に含まれています。最近では、そうした成分が体内で複合的に作用し、ストレスや病気から守ったり、骨や免疫系を強化したりといった働きをすることが明らかになってきています。お口や消化器官にとっては、飲んでおいしいだけでなく、さまざまな健康作用があるのです。

歯の健康を守る
茶カテキンの抗菌、抗炎症作用がバクテリアによる虫歯や口臭を防ぎます。烏龍茶用の熟した茶葉はフッ素をより多く含みます。

肌に良い
抗酸化物質は、解毒作用によって細胞の再生・修復を促し、活性酸素などの有害なフリーラジカル（不安定な分子）による肌へのダメージを防ぎます。カフェインは含まれるものの、ほとんどが水分であるお茶は水分補給にもグッド。

お茶の効能　33

認知を司る脳に効く
あらゆるお茶に含まれるポリフェノールは、学習や記憶を司る脳の部位を保護し、変性疾患のリスクを低減します。

ストレスを和らげる
お茶はストレスを強力に撃退します。特に緑茶に豊富に含まれる、アミノ酸の一種のL-テアニンは、脳のα波を増幅し、心を落ち着かせるだけでなく、カフェインと抗酸化物質との複合的な作用により、脳の活発化と認知機能の向上を促進します。

カフェイン

お茶には、神経興奮作用のある苦味成分のカフェインも含まれます。根から芽へと運ばれるカフェインは、成長中の芽を保護し、芽の栄養になるほか、虫よけ効果を持つことがわかっています。

乾燥茶葉あたりのカフェイン含有量はコーヒー豆とあまり変わりませんが、ポリフェノール（タンニン）がカフェインの吸収を抑制・緩和するため、効き目が穏やかです。また、覚醒作用はお茶のほうが長時間持続します。カフェイン含有量は、茶葉の種類、湯温、抽出時間、茶葉の収穫時期に左右されます。

紅茶や烏龍茶よりも、緑茶と白茶のほうが抗酸化物質の量は多い。

心臓をケア
お茶のポリフェノールはフラボノイド系の抗酸化物質が豊富で、フリーラジカルの毒作用や突然変異を抑制してがん防止に貢献するほか、心臓病予防にも効果的です。緑茶を飲めば、高血圧のリスクを大幅に低減できるかも。

胃にやさしい
お茶のなかでも、烏龍茶は食後茶としての長い歴史があります。微生物を含むプーアル茶は、特に消化に良く効き、その脂肪燃焼作用がアピールされています。緑茶は代謝の刺激やカロリー燃焼に効果的です。

骨の中まで
お茶に含まれるポリフェノール類は、骨形成の増加に効くほか、筋力の向上と骨密度の維持の役目も果たします。

これで完璧！
お茶の淹れ方

36　これで完璧！お茶の淹れ方

リーフそれともティーバッグ？

ティーバッグの発明以来、リーフに勝るティーバッグの利点について議論が交わされてきました。利便性については議論の余地はありませんが、香りの点では、リーフに大きく軍配が上がります。

リーフ

ティーバッグよりも多少手間はかかりますが、それでも手順はシンプルそのもの。リーフで淹れれば、別格の風味に仕上がります。

利便性
メッシュタイプの茶殻を濾せるような特殊な道具があれば、抽出や食器洗いを手早く簡単に済ませられます。

鮮度と質
フルリーフタイプは、ティーバッグの「ファニング」やCTCタイプ（次ページを参照）より表面積が狭いので、正しく保存すれば鮮度が長持ちします。

味わい
アロマオイルが残っているフルリーフ（または大きめの茶葉）を使うので、幅広い豊かな味わいを楽しめます。

価格
「リーフタイプ＝高い」はよくある誤解。一杯あたりの茶葉はほんの少しで済みますし、烏龍茶などの場合は同じ茶葉で複数回淹れられるので、一杯あたりの費用を抑えられます。

環境にやさしい
リーフは分解されてすぐ土に戻るので、堆肥の良い材料になります。

抽出
お湯にゆっくりと味が抽出されるので、1煎目で風味が出きってしまうことがなく、2煎目以降も味わいを楽しめます。（ウーロン茶）

立ち上る香り
お茶の風味の一端が感じられるはず。

茶葉
動き回れる空間が十分にあれば、より多くの香りと風味が抽出されます。

インフューザー
茶葉を留めておけるので、食器洗いが楽に。

ティーバッグ

　ティーバッグの登場は偶然の産物でした。1908年、ニューヨーク市で茶葉の貿易商を営んでいたトーマス・サリバンが、茶葉のサンプルをひも付きのシルクの小袋に入れて茶商に送ったところ、顧客が袋のまま紅茶を抽出。その紅茶の出来栄えはたいへん好評で、小袋に入れた茶葉の注文が増えたというわけです。

ティーバッグ
茶葉の動く余地がほとんどない丸型や角型（右図）のほか、茶葉が湯の中に浸って動き回れるピラミッド型（左図）があります。

ピラミッド型
丸型や角型よりも茶葉が動き回れるのが特徴。

ファニング
量産品の紅茶のティーバッグに使われる茶葉の小片。リーフタイプとしては売れません。

利便性
茶葉の量を計る必要がなく、ストレーナー、ティーポット、インフューザーなどが不要なので、利便性に長けています。

鮮度と質
量産向けでは、主に最下位グレードの紅茶の最も細かい茶葉が使われています。抽出時間は非常に短いのはこのためです。ただ、表面積が大きく、保存方法にかかわらずすぐに劣化してしまいます。

味わい
香味に欠かせないオイルや香りのほとんどが加工時に失われやすく、リーフとくらべて香味の豊さに欠けます。また、抽出力が高いため、苦味や渋みが強くなることも。

価格
比較的安価な徳用パックもありますが、一杯あたりの値段はリーフと大差はありません。リーフと違って抽出量が少ないのでその点も考えなければなりません。また、賞味期限はリーフより短いです。

環境にやさしい
土に完全に帰るティーバッグもある一方で、大半の製品では少量のプラスチック（ポリプロピレン）が使われており、堆肥になるまで何年もかかります。ポリプロピレンを含まないものを選びましょう。

抽出
ティーポットがなくても簡単に抽出できますが、茶葉の動きが制限されるので、最高の一杯は望めません。

38　これで完璧！お茶の淹れ方

茶葉の保存方法

リーフタイプは、光・空気・湿気に弱いので、きちんと保存しましょう。乾燥茶葉は近くの風味や香りをスポンジのように吸収してしまいます。密封容器に入れ、冷暗所に置いてください。

賞味期限

製茶後の茶葉の水分率は、3％ほどで水分や香味の源となる揮発性のオイルです。保存方法を誤るとオイルが蒸発してしまいます。賞味期限は、緑茶が最も短く6〜8カ月で、烏龍茶は1〜2年です。最も賞味期限が長い紅茶は2年以上もちますが、フレーバーティーや、スパイスやフルーツを添加した茶葉は早く劣化することも。このページのアドバイスにしたがって、鮮度を長持ちさせましょう。

その年の茶葉を買う
必ず新鮮な茶葉を買うこと。その年に採れたものなら、より長くおいしく飲むことができます。

買う量は抑えて
大量の茶葉は、棚を長期間占領することになりかねません。50g程度のお試しサイズなら、新しい茶葉を試すのにぴったりです。賞味期限が長くても鮮度が良い茶葉の方がおいしく楽しめます。

密封する
袋で保存する場合は、毎回の使用後に密封できる袋を使いましょう。

冷所に置く
保存は乾燥した冷所で。低い戸棚が最適です。冷蔵庫はNG。スパイスや熱源から離すことが大切です。

密封容器に入れる
ブリキ・陶器・ステンレス製の不透明な茶缶に入れること。密封容器であれば、茶葉に臭いが移るのを防げます。

お気に入りの容器で
特別な容器や茶缶に入れて保存も楽しみましょう。アンティーク物は、内面が鉛製でないことを確認しましょう。

茶葉の保存方法　39

きちんと保存すれば、
紅茶は2年以上おいしく飲めます。

衝動買い
新しい茶葉をあれこれ試したい衝動を抑えること。何年も手を付けないような茶葉で戸棚があふれてしまいます。

冷蔵庫で保存する
結露して茶葉が水を吸ってしまいます。

木箱に直に入れる
必ず内袋に入れてから木箱で保存すること。購入時に、密封できるプラスチックに入っていた場合はそのまま保存。また、蓋が緩いと、茶葉が湿気って劣化やカビの原因になります。

古い茶葉を買う
必ず製造年月日を確認し、賞味期限を守って使いましょう。

光に当てる
透明な容器に入れないこと。光で劣化が早まり、色も落ちてしまいます。

オーブンやコンロの近くに置く
オーブンの熱で茶葉の香味が弱くなってしまいます。

ほかの茶葉と一緒にする
種類や香味が異なる茶葉を同じ容器に入れると、互いに香味が移ってしまいます。

スパイスと一緒にする
スパイスと一緒に保存すると悲惨な結果に…。茶葉の表面には微細な穴が空いていて、戸棚に漂う臭いを吸いやすいのです。

プロのようにカッピングしてみましょう

プロのティーテイスターは、お茶の特徴を評価するために「カッピング」と呼ばれるテイスティングを行います。嗅覚や味覚を研ぎ澄ませば、さまざまなお茶の複雑な味わいを感じ分け、違いを楽しめるようになります。

プロのティーテイスター

その道をマスターしたプロのティーテイスターやブレンダーは、毎日数百もの茶葉をテイスティングし、年月をかけて鍛え上げた嗅覚と味覚で茶葉の良し悪しを判断します。このように茶葉の長短を見ることを「カッピング」といいます。カッピングでは、茶葉の種類にかかわらず3gの茶葉を150mlの熱湯で3分間抽出するという、標準化された方法を用います。この淹れ方は一般の人には苦すぎるかもしれませんが、ブレンドのパーツとして最適な茶葉を選り分け、収穫期ごとにブレンドの新たな「公式」を作るテイスターにとっては理に適っています。彼らは、収穫のたびに香味が変わる茶葉から、同じ香味のブレンドを作ることが目標なのです。

テイスティングの道具

プロがテイスティングに用いるのは、テイスティングボウルと蓋付きのコップ（縁に茶葉をこすためのギザギザがある取っ手付きコップ）です。まず乾燥茶葉をコップに入れ、沸騰した湯を注ぎます。蓋をして3分間蒸らしたら、蓋をしたままコップを横に倒し、ボウルにお茶を注ぎます。茶殻はコップから出し、裏返した蓋の上に置きます。

テイスティングはすべての工程で五感のすべてを駆使します。

プロのようにカッピングしてみましょう　41

自宅でテイスティング

元来は楽しむことを目的としないテイスティングも、自宅でさまざまなお茶の味わいや特徴を知るためにすると楽しいものです。まっさらな気持ちでテイスティングすれば、新しい発見があるかもしれません。

用意するもの

茶葉
1人あたり小さじ1。3種類（**緑茶・烏龍茶・紅茶など**）または同一種類の3タイプ（**ダージリンなど**）を用意
ティーポット（または蒸らせる蓋やソーサーの付いたティーカップ）
角砂糖または白砂糖（テイスティング中の口直し用）

1　乾燥茶葉を見て、色合い、形、サイズ、香りをメモします。器を温めます。1人あたり小さじ1の茶葉をポットまたは各人のカップに入れます。小さじ1あたり150mlの湯（温度は適宜調節）を注ぎ、蓋またはソーサーをかぶせ、蒸らします（種類ごとの抽出時間の目安はP.42〜47を参照）。

2　蓋を取り、茶葉に耳を近づけて、茶葉が開くときのパッという音に耳を澄ませます。

3　茶葉が湯に触れて、香りが立ち上ってきます。抽出が終わったら、ふたを取り、カップを鼻に近づけて、お茶の香味を感じ取ってみます。このころになると、揮発性の油分が抽出液から蒸発してきます。

4　茶葉をこしてテイスティングカップに注ぎます。茶殻をよく観察し、香りをかぎます。

5　お茶の水色を確かめます。香りを吸い込んでから、ズズッとお茶を吸い、舌全体の味受容体に味成分を行き渡らせます。口あたり（マウスフィール）を確かめ、重要な香味を並べたフレーバーホイール（P.50〜51を参照）を参考に、香味を言葉で表現してみましょう。

> **テイスティングの際は香水をつけないこと。**
> 香りを感じ分けるときに嗅覚のじゃまになってしまいます。

味わいを最大限に引き出す

ほかにはない独特の香味、水色、香り…。それぞれのお茶には際立った個性があります。以下のアドバイスにしたがえば、茶葉の味わいを最大限に引き出せるでしょう。でも一番大事なのは楽しむこと。淹れ方は好みに合わせて自由に調整してみてください。

緑茶

　状態の良い緑茶からは、草原や海風を思わせるフレッシュな味わいが出ます。1年以内に収穫された茶葉を選び、湯温に注意して淹れましょう。熱すぎると甘味成分である繊細なアミノ酸が死んでしまい、温度が低すぎると香味を完全に引き出せません。

　緑茶の場合、抽出時間が非常に重要です。長く浸せば渋味や苦みが出てしまうことも。1煎目は短めに抽出して味を見て、2煎目以降は30秒ずつ時間を延ばして好みの時間を見つけましょう。

用意するもの（例）

このページの茶葉：碧螺春（へきらしゅん）（中国江蘇省洞庭山（どうていざん））
茶葉の量：175mlあたり大さじ1
湯の温度：中国緑茶は75℃、日本茶は65℃。可能であればナチュラルウォーターを使うこと。
抽出時間：1煎目は短めで試し、2煎目以降は30秒ずつ時間を延ばしてみます。3～4煎は淹れられます。

乾燥茶葉
明るい緑色または深緑色。ねじれた塵状の薄い茶葉（右図）や、つやのある平らな芽のような茶葉など、形状とサイズはさまざまです。

茶殻
茶葉が開き、芽や葉が現れます。

抽出液
抽出して茶葉をこした後の抽出液（リカー）は、黄みがかった薄緑色。明るくフレッシュな印象で、まろやかでフルーティな味わいがあります。

白茶

　最も繊細で細かな味わいを持つとされる白茶には、ポリフェノールなどの健康成分が数多く含まれています。萌芽直後の新芽を摘んだ春先のお茶であることから、中国では高い地位を誇ります。特に濃厚な紅茶を好む人にとっては、幾重にも重なった緻密な味を楽しむのは難しいかもしれません。

　白茶の種類はごく限られており、最上級の「白毫銀針」は品質ごとにランクが分けられ、それに応じた価格が付きます。比較的手頃な「白牡丹」には、産毛のある芽と大きい葉の両方が使われます。

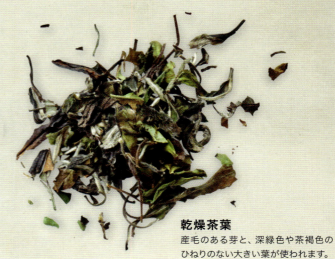

乾燥茶葉
産毛のある芽と、深緑色や茶褐色のひねりのない大きい葉が使われます。

用意するもの（例）

このページの茶葉：白牡丹（はくぼたん）（中国福建省福鼎市（ふくてい））
茶葉の量：175mlあたり大さじ2
湯の温度：85℃。可能であればナチュラルウォーターを使うこと。
抽出時間：1煎目は2分、2煎目以降は30秒ずつ時間を延ばしてみます。2〜3煎は淹れられます。

茶殻
なめらかな芽、濃淡のある緑色をした比較的大きな葉、茎が現れます。

抽出液
水色は淡い黄金色で、甘い香りがあり、パイン、スイートコーン、焦がし砂糖のような香味が感じられます。

烏龍茶

　発酵の度合い・香り・味が異なる、多種多様な種類が存在します。一般的に阿里山（ありさん）茶（台湾）などの緑色の烏龍茶は発酵度35％で、フローラルな香りがあるのに対し、発酵度80％の武夷岩茶は、豊かな味わいとロースト香があり、土の香味が感じられるでしょう。

　半発酵茶の烏龍茶は製造者の腕に品質が左右されるため、特に製造が難しい部類に入ります。製造で葉傷を付けるので成分は出やすくなっていますが、長く浸しても渋くなりすぎることはまずありません。何煎も淹れることができ、煎じるたびに新しい味が現れます。

用意するもの（例）

このページの茶葉：阿里山茶（台湾南投県（なんとう）阿里山）
茶葉の量：175mlあたり小さじ2
湯の温度：弱発酵の烏龍茶は85℃、強発酵の烏龍茶は95℃。
抽出時間：まず茶壺（ちゃこ＝急須）を温めておきます。茶葉を入れ、茶壺を軽く振ってから、1〜2分蒸らします。2煎目以降は1分ずつ蒸らし時間を延ばします。最大で10煎ほど淹れられます。

乾燥茶葉
明るい〜濃い翡翠（ひすい）色をした軽発酵の烏龍茶。きつく球状に丸められており、茎が残っているものも。

茶殻
煎じるごとに茶葉が開き、つややかで肉厚な大きい葉が現れます。縁の部分は赤みがかっています（発酵が起きた印です）。

抽出液
水色は明るい黄色。甘い味と心地よい香りがあり、わずかに柑橘や花の香味が感じられ、煎じるたびに新しい味が現れます。

味わいを最大限に引き出す　45

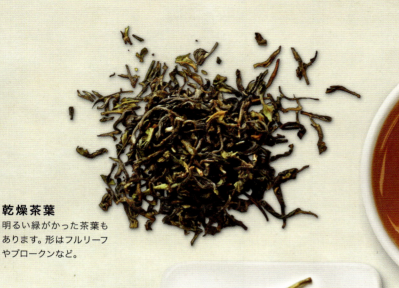

乾燥茶葉
明るい緑がかった茶葉もあります。形はフルリーフやブロークンなど。

抽出液
ダージリンの水色は橙色がかった淡い赤色で、リンゴや爽やかなスパイスの香味があり、マスカットを思わせる香りが漂います。

茶殻
ダージリンの茶殻は茶褐色や緑色ですが、ほかの品種はマホガニー色やクルミ色、さらには黄金色もあります。

紅茶

　欧米では最も知名度の高いお茶です。一般的にティーバッグや「イングリッシュ・ブレックファースト」などの有名なブレンドを通して慣れ親しんでいくことから、どれも同じ香味と誤解されがちですが、実は、複雑な香味や個性を持った多彩な種類が存在します。

　完全発酵茶のため、ポリフェノールはテアルビジン（色成分）やテアフラビン（味成分）に変化しています。どっしりした味のアッサム種などはミルクや砂糖で味を整えても構いませんが、ダージリンのファーストフラッシュなどの繊細な茶葉は、ありのままを味わってからミルクや砂糖を入れましょう。

　長い間、高級な紅茶はほとんどがインドやスリランカ産でしたが、中国での人気の高まりを受けて、中国国内での生産量の増加が見込まれています。

用意するもの（例）

このページの茶葉：ダージリンのファーストフラッシュ（インド、ダージリン地方）
茶葉の量：150mlあたり3g
湯の温度：95〜98℃。
抽出時間：3分。ダージリンや中国紅茶などの一部のフルリーフタイプは2煎目も淹れられます。その場合は時間を1〜2分延ばしましょう。

プーアル茶

　黒茶の一種で、微生物（善玉菌）を含む唯一のお茶です。何年も熟成させることで、年数に応じて価値が高まります。

　丸餅状に押し固めた餅茶（へいちゃ）やレンガ状の磚茶（たんちゃ）の形が一般的ですが、リーフタイプもあり、竹筒内で熟成させることもあります。押し固められた茶葉を崩すときは、苦みが出てしまうので葉をちぎらないように注意。また、包装紙の製造年月日を確認しましょう。経年熟成するので、何年も保存すれば毎年味の変化を楽しめます。

> ### 用意するもの（例）
>
> **このページの茶葉**：プーアル熟茶の餅茶（2010年、中国雲南省永徳県（えいとくけん））
> **茶葉の量**：175mlあたり小さじ1
> **湯の温度**：95℃。
> **抽出時間**：まず熱湯で茶葉をすすいで柔らかくしてから、2分間蒸します。2煎目以降は1分ずつ時間を延ばします。3～4煎は淹れられます。

茶殻
抽出後は、緑色、茶褐色、黒色などのフルリーフが現れます。

抽出液
濃く不透明な濃褐色や紫色で、革、アメリカンチェリー、ドライチェリーなどの香味があります。

乾燥茶葉
茶褐色や濃褐色さらには緑色の長い葉を、丸餅状に押し固めた餅茶と呼ばれます。

味わいを最大限に引き出す　47

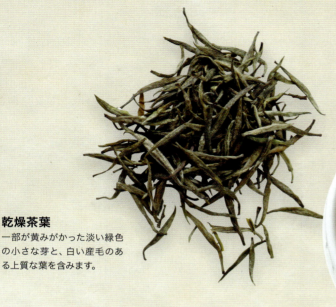

乾燥茶葉
一部が黄みがかった淡い緑色の小さな芽と、白い産毛のある上質な葉を含みます。

抽出液
口に含んだ直後は野菜のような香味が感じられ、甘い後味が続きます。

茶殻
黄色の筋が入ったサヤエンドウのような見た目になります。

黄茶

　探し回る価値ありの珍しいお茶。ごく若い新芽から作られる黄茶は、中国でしか生産されておらず、種類も四川省の蒙頂黄芽(もうちょうおうが)や湖南省の君山銀針(くんざんぎんしん)など数えるほどしかありません。アミノ酸、ポリフェノール、多糖類のほか、胃や脾臓に良いビタミンを豊富に含むので、胃腸の調子を整え、消化やダイエットに効くとされます。

用意するもの (例)

このページの茶葉：君山銀針 (中国湖南省)
茶葉の量：175mlあたり小さじ1+1/2
湯の温度：80℃。可能であればスプリングウォーターを使うこと。
抽出時間：1〜2分。2煎目以降は1分ずつ時間を延ばします。2〜3煎は淹れられます。

香味を科学する

お茶の香味を感じ取るときに脳が頼りにするもの——それは、舌の味受容体からの味覚刺激、鼻腔からの嗅覚刺激、そして飲むときに感じる触感と温度感覚です。

お茶には数百もの味の成分が含まれますが、普通はほんのわずかの香味しか感じ分けられません。それでも、多少の経験を積んで集中力を動員すれば、香味に対する脳の感覚を鍛えられます。P.50〜51のフレーバーホイールを参考にして、鍵となる香味を感じてみましょう。

感覚器官

香味を考えるときに大切なのは、感覚器官の相互作用を知ることです。右のイラストでは、渋味を感じるときの触感と味覚の相互作用を表しています。同様に、味覚と嗅覚も互いに影響し合い、鼻腔内で混ざって香味の感覚を生み出しているのです。

香り

食べ物でも飲み物でも、香味は嗅覚と味覚から作られます。味覚は嗅覚と密接に関わっており、香味の75％は嗅覚で決まります。お茶を口に含むと同時に揮発性のアロマオイルが鼻腔へと上り、嗅覚と味覚が組み合わさったときしか生まれない香味が形成されます。

嗅覚

口に含む前にも、お茶の香りに気づくでしょう。熱いうちなら、液面近くには、そのお茶特有の香りが漂っているのが感じられるはず。鼻を液面に近づけ、嗅覚を動員し、香りを鼻から吸って鼻から吐いてみましょう。鼻腔に香りが留まり、口で味を感じる準備ができます。

温度

温度は、香味の印象に大きく影響します。お茶の場合、熱いときは香りが早く発散され、冷めるにしたがって香味の層が薄くなっていきます。また、舌は冷めたお茶よりも熱いお茶のほうが渋味を感じやすいことも研究でわかっています。そのため、白茶などの繊細な味わいのお茶の場合は、少し冷ましてから味わえば、香味を感じ分けやすくなるでしょう。

香味を科学する

味覚
舌の味蕾には、脳にメッセージを送る味受容体があります。お茶を口に含むと唾液が分泌され、味が変化し、薄まってしまいます。お茶を味わって特徴を評価するときは、一気にズズッとすすって、舌の受容体全体にお茶を行き渡らせましょう。

渋味
お茶の重要な要素である渋味は、味覚と触覚から作られます。口内がしぼんだり乾いたりするような感覚が渋味の正体。これはお茶と唾液の化学反応によって発生します。渋味の度合いはさまざまで、茶葉から出たポリフェノール（タンニン）の量で決まります。ほどよい渋味が玄人好み。渋すぎるのはおいしくありません。

触覚
歯や口内を覆う粘膜に当たるときに、お茶の触感が感じられます。これは一般的に「口当たり」と呼ばれ、渋味、コク、なめらかさで決まります。たとえば、渋味が弱いと「ソフトな口当たり」、反対に渋味が強いと「毛羽立ったような口当たり」と表現されます。

舌

舌は約10,000個の味蕾で覆われており、その1つひとつに50〜100の味細胞があります。舌が感知できるのは、甘味・塩味・酸味・苦味・旨味という5つの基本味です。お茶を飲んだときには、塩を除く4つの味は感じられるでしょう。

味覚に関しては、特定の味のみに反応する口内の部位を示した「味覚地図」が数十年にわたって正しいと見なされていました。しかし、広く受け入れられていたこの「味覚地図」説は近年の研究によって否定され、今ではすべての味蕾が5つの基本味を感知できることが明らかになっています。味に関する私たちの理解は絶えず進化を続けており、食品研究者によって、舌、上あご、喉の奥に新たな味蕾が発見されています。一部では、冷たさ、辛味、カルシウムもこうした味覚器官で識別できるとの説も提唱されています。

経験

香味の感じ方については、個人の記憶や文化的な経験も影響を与えます。さらにいえば、お茶を淹れるプロセスに気を配ることで、お茶の時間をさらに楽しめるようになるかもしれないのです。きれいで静かな場所を選び、落ち着いてお茶を淹れれば、楽しさが増すだけでなく、もっとお茶を味わえるようになるでしょう。

味覚と嗅覚を連携させなければ、味を完全に感じることはできません。

香味の違いを楽しむ

さまざまな香味の違いを感じ分けるのは難しいかもしれません。そこで、お茶における特徴的な香味や香りを視覚的に表した「フレーバーホイール」を紹介しましょう。複雑に入り組んだ香味を理解して楽しむための道しるべになるはずです。

口内の味受容体と嗅覚を駆使すれば、広大なフレーバープロファイルの世界への扉が開きます。ここに示した12のグループと、それをさらに細分化した食品名や物質名を参考にすることで、香味や個性といったお茶の表情を分析できます。

香りをかぎ、お茶を口に含んでから、このフレーバーホイールを見ましょう。お茶の第一印象は内側の扇型のいずれかになります。たとえば緑茶のでは、野菜・甘味・ナッツの香味がすぐに感じられるでしょう。

もう一口飲んだり茶殻をかいだりしたら、そのグループの下位分類を見ます。「野菜系のコーンの甘味かな」、「ナッツ系でも具体的にはクルミかも」と気づけるかもしれません。試行錯誤して経験を積めば、どんなお茶の香味もわかるようになるはずです。

経験を積めば、それだけ香味の違いに気づきやすくなります。

ナッツ
あらゆるお茶のロースト風味や甘味を表現します。タンニンの渋味を表現するのに便利な形容詞です。

香味の違いを楽しむ　51

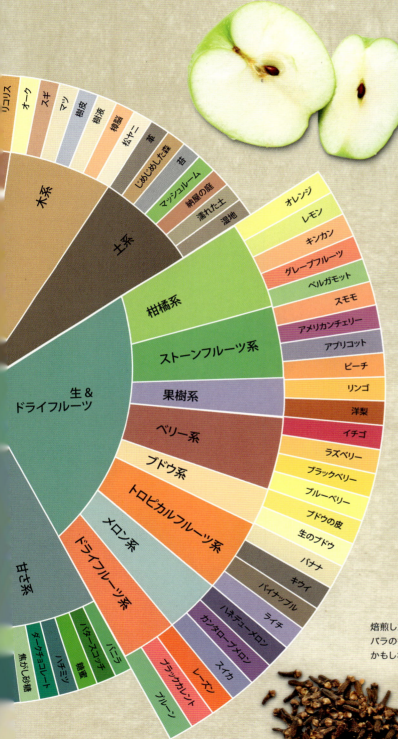

リンゴ
ダージリンのオータムナルの特徴的なリンゴの香りは、生産者にとってのダージリンの良質な発酵の指標でもあります。

ハチミツ
台湾の軽発酵烏龍茶では、甘いハチミツの香味が感じられることも。

チョコレート
一部のプーアル黒茶では、ダークチョコや生チョコを思わせる香味が感じられます。

バラ
焙煎した黒烏龍茶では、バラの香りが感じられるかもしれません。

クローブ
ダージリンや一部のプーアル黒茶では、はっきりとしたクローブ風味があることも。

水

中国で古くから伝わることわざに「水はお茶の母」があります。お茶の99％は水なのですから、それなりに真理を突いています。抽出に使う水は、お茶の味わいを大きく左右するので、茶葉の可能性を最大限に引き出すには、無色透明かつ無臭の水を適切な温度に沸かして使いましょう。

雨量の多寡、汚染の度合い、帯水層（地下水を含む多孔質の地層）はすべてその地域の水源に影響します。田舎でも都会でもそれは変わりません。こうした要因により、ミネラルの濃度、におい成分、pH（0～14で表し、7より低い方が酸性、高い方がアルカリ性）が決まります。

一般的に水はpH7（中性）ですが、アルカリ性や酸性に傾いていてお茶に向かない水道水もあります。また、においがある気体が溶け込んでいたり、ミネラル分が多すぎたりする水道水では、お茶の繊細な風味がかき消されかねません。

余計な成分を取り除く浄水器を蛇口に付けていない場合は、次の代替策を試してみましょう。

ナチュラルウォーター：ミネラル分が添加された「ミネラルウォーター」は向きません。溶解している無機塩類の濃度が50～100ppm（硬度50～100）のものを探しましょう。硬度が高いとミネラル分の重い香味が出てしまいます。

ろ過した水道水：ポット型浄水器なら、不要なにおい成分やミネラル分を取り除けます。フィルターは適宜交換しましょう。

蒸留水＋水道水：特徴のない蒸留水は魅力的ではありませんが、ミネラル分の多い水道水に足せば、お茶の抽出にぴったりです。水道水のpHに応じて比率を調整しましょう。

湯の温度

沸点は標高によって異なります。海抜1,300m以上に住んでいる場合、電気ケトルがカチッと鳴って停止しても湯は100℃に達していません。そんなときは、茶葉をいつもより1人あたり小さじ1/2増やして、抽出時間も数分延ばしましょう。

適切な温度で
湯の温度が高すぎると、苦みが出て香りが失われます。反対に低すぎると、成分がきちんと抽出されません。

適切な湯温を探る

　おいしく淹れるコツは、適切な温度に湯を沸かすことです。若々しくて弱い緑茶は、沸騰した湯だと茶葉がやけどします。半発酵の烏龍茶や完全発酵の紅茶では沸騰直前（95〜98℃）のまだ水中に酸素が残っている状態で淹れると、ポットの中で茶葉がジャンピングをして味や香り、水色もしっかり抽出できます。ただし、烏龍茶に関しては中国や台湾では茶葉は急須の中で浸して抽出するので沸かす温度は95℃あれば十分です。

電気ケトルに温度調節機能がない場合
沸騰後に蓋を空け、約5分（緑茶・白茶・黄茶）／約3分（烏龍茶）／約2分（プーアル茶などの黒茶）待つことで調節します。

紅茶
95〜98℃

プーアル茶
烏龍茶
95℃

白茶
黄茶
80℃

緑茶
75℃

お茶を淹れる場合は、におい成分となる塩素などの気体が溶けていない、硬度の低いpH 7（中性）の水が最適です。

茶器

最高の一杯を淹れるための茶器がずらりと並ぶティーショップの光景には、本当に圧倒されます。リーフで淹れることを想定し、茶葉が動き回れる空間が確保された抽出器具の中から、これぞというものをいくつかピックアップしました。

磁器製ティーポット（インフューザー付き）

クラッシックなティーポットにはさまざまなサイズがあります。3杯用（750ml）なら2人分と少量のおかわり分を淹れられます。25cmくらいの高さからお湯を注げば、茶葉が軽く押し付けられて味が早く抽出されます。苦みを抑えるために、抽出後には必ずインフューザーを外しましょう。

蓋

インフューザー

注ぎ口

コイル状のステンレスストレーナー

ガラス製ティーポット（注ぎ口のストレーナー付き）

ほかのインフューザー付きティーポットの利点を兼ね備えたこのポットでは、円を描いて踊る茶葉から色が出る様子も見られます。注ぎ口に付いたコイル状のステンレスフィルターが、注ぐときに茶葉をキャッチします。

ボール型インフューザー

　クラッシックなボール型から斬新な形状のものまで多種多様です。マグやティーポットの縁にフックを掛けて使うのが普通です。どの形状でもよく抽出できますが、茶葉が広がりにくい形状もあるので、空間が広いタイプを選びましょう。茶葉を一杯に詰めすぎないように注意。

メッシュ

蓋

自動で湯温を調節できるパネル

マグ＋ステンレスメッシュインフューザー

　使用後の片付けが比較的楽なので、あれこれ準備せずにお茶を淹れたいときにぴったり。茶葉が動ける空間があり、よく味が出る優秀な器具です。茶葉からの香りを閉じ込める蓋付きタイプが、一番おいしく淹れられます。

温度設定機能付きケトル

　茶葉に適した温度に正確に湯を沸かせる、使い勝手の良い製品です。お茶の種類を選択してボタンを押すだけでOK。手動で温度を設定するモデルの場合は、各茶葉の最適な湯温を把握する必要があります（P.42〜47を参照）。ケトルに茶葉を入れて抽出できるタイプもあります。

蓋碗
（がいわん）

　中国の茶器の蓋碗は、皿付きで、伝統的な茶杯（＝茶碗）と同量の175mlほどの湯を入れられます。お茶を淹れるときは、碗に茶葉を入れ、湯を注いで蒸らします。独特の形状とサイズにより、蒸らし時間は通常より短く済みます。ドーム状の蓋が良好な空気の流れと結露を作り、上に向かって広くなっている碗が茶葉に十分な空間を与え、味がよく抽出されるのです。茶葉が出ないように蓋を少しだけずらしてカップに注ぎましょう。残った茶葉は2煎目に使います。中国では、蓋碗から直接茶葉ごと飲む人もいます。

蓋
碗
皿

2重構造のガラスコップ

　手吹きガラスで作られたコップで、ガラスに挟まれた中間の空気層により保温性を実現。持ったときに冷たくても、中のお茶は熱々かも。一口目はやけどに注意しましょう。

内側の
ガラスの層

プランジャー

フレンチプレス

　コーヒーの抽出器具としてもおなじみのフレンチプレスは、お茶の抽出でも一般的に使用されています。使い方はコーヒーの場合と同じ。茶葉を入れ、湯を注ぎ、目安の時間に従って蒸らします。その後、プランジャーを下げて茶葉と抽出液を分離しますが、2煎目を淹れる場合は、茶葉をぎゅっと潰して傷つけないように注意。抽出できたら、容器内のお茶はすべて注ぎ、茶葉を浸しすぎないようにしましょう。

茶器　57

開閉ボタン

スマートなインフューザー

　BPAが含まれないプラスチック製のものが一般的で、1杯用に最適なインフューザーです。茶葉を入れて湯を注ぎ、インフューザーをティーポットまたはカップの上に置きます。蓋のボタンを押すと、抽出されたお茶が注がれます。カップの上に置くだけで自動的に注げるタイプもあります。確かに便利で、ティールームやティーショップで好評な製品ですが、洗う手間はティーポットと変わりません。

一体型のストレーナー

蓋

インフューザー

マグボトル

マグボトル

　外出先でも手軽に便利にお茶を楽しめるマグボトル。多彩なバリエーションがありますが、保温用の断熱材が入った製品が一般的です。内側がガラスのタイプもありますが、ほとんどはステンレス製です。ボトル上部に収まるインフューザー付きの製品がベスト。インフューザーが付いた携帯用ティーポットもあります。インフューザーに茶葉を入れて湯を注ぎ、蓋をしっかり締め、逆さにして蒸らします。

最新型の茶器

現在では、数々の画期的な茶器が登場しています。効率性を重視したシンプルなものから奇抜なものまでさまざまですが、どれもおいしく淹れられます。ぜひ試してみては？

ホット用インフューザー

お茶は昔から熱湯で淹れるのが基本で、それを念頭に置いて茶葉が加工されています。最近では、伝統的なティーポットに劣らず良質な一杯を淹れられる、画期的な茶器が開発されています。

ティーシェーカー

シンプルで秀逸なアイデア商品。2つの容器の間にステンレスフィルターをはさんだ、砂時計チックなデザインです。上の容器に茶葉を入れ、熱湯を注いで蓋を締めます。茶葉が下になるようにひっくり返し、蒸らします。目安の時間がたったら、再度ひっくり返して横に振ると、お茶がフィルターを通って下の容器に注がれます。

水出し用インフューザー

長時間抽出用の器具で、茶葉の味をゆっくりと抽出できます。熱湯を使ってこそ茶葉の一番おいしい成分が抽出されるという伝統的な考え方には反しているものの、水出しするとコクが軽やかになり、まろやかさと甘さが増します。特に緑茶や黄茶との相性が良く、ダージリンの場合は渋味がまろやかで新鮮な味に抽出できます。

1人用

さまざまな形状がある水出し用インフューザー。使い方は、いたって簡単です。インフューザーに茶葉を入れて冷水を入れます。茶こし付きのアダプターを締め、冷蔵庫に入れて2～3時間置きます。時間がたったら、アダプターを通してお茶を注ぎます。取り外し可能なインフューザーに茶葉を入れるタイプの場合は、インフューザーを外してから注ぎましょう。

蒸らす 上の容器に熱湯と茶葉を入れます。

こす お茶がステンレスフィルターを通って下に落ちます。

抽出液 下の容器に注がれます。

アダプター

一体型の茶こし

茶葉 冷水に浸します。

ウォータードリッパー

ビーカーやガラス製のチューブが付いた、さながら実験器具のような水出し用のタワー型ウォータードリッパー。高さは90〜120cmもあり、冷蔵庫にはとても入りません。まず真ん中のビーカーに茶葉を入れます。上のビーカーに冷水と角氷（温度を低く保つため）を入れます。キンキンに冷えた水がしたたって茶葉を伝い、渦状のチューブを通り、下のビーカーへと落ちます。抽出時間は白茶で2時間ほど。抽出時間を長くするには、ねじ式のバルブで、したたる量を抑えます。緑茶、黄茶、弱発酵烏龍茶の場合は3時間、焙煎した烏龍茶の場合は4時間です。一番時間のかかるプーアル茶と紅茶は、淹れるのに約5時間かかります。

茶葉は、ホットで淹れるときより**50%増量**します。水出しではカテキンやカフェインの量が抑えられるので、渋味が少なく甘めに仕上がります。

電力消費量を抑えられる水出しは、温室効果ガスの削減にもつながります。

冷水
角氷とともに上のビーカーに入れます。

したたる水
ビーカーの茶葉を伝っていきます。

抽出液
渦状のチューブを通って落ちていきます。

お茶
下のビーカーに集められます。

茶葉をブレンドする

ブレンドの始まりは約400年前の中国福建省。押し固めた茶葉に代わってブレンド向きのリーフタイプが普及し、ジャスミンなどを添加して香味や芳香を高めるようになったのです。現在では、根強い人気のクラッシックブレンドのほか、フルーツや花を大胆に加えた新しいブレンドも登場しています。以下のレシピをもとに、ブレンドの技術を磨いてみましょう。

ブレンドには、量産用ブレンドとシグネチャーブレンドの2種類があります。量産用では、ティーバッグ産業向けに1年を通して安定した香味を出すため、最大で30〜40の産地の茶葉が使われます。熟練のブレンダーは、ありとあらゆる産地から届く数百種類もの茶葉を日々味見し、毎年変わらない香味を目指してブレンドします。

一方のシグネチャーブレンドでは、さまざまな産地の茶葉以外にも、ドライフルーツ、スパイス、花などを添加して作るのが普通です。企業の製茶施設では、添加する味の成分やエキスを茶葉に吹きかけ、回転ドラムに投入して混ぜ合わせますが、一般の家庭でもボウルを使えば材料をブレンドできます。

以下のすべてのレシピの完成量は200gです。

クラシックブレンド

お茶をこよなく愛する方にはおなじみのブレンド。何世紀も飲み継がれてきたものもあります。玄米茶以外はミルクを入れてもOK。以下の分量通りに作るか、比率を変えてオリジナルのシグネチャーブレンドを考案してみましょう。

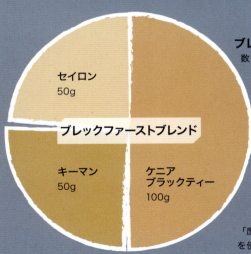

ブレックファーストブレンド

数多くのバリエーションが存在するブレンド。最も有名な「イングリッシュ・ブレックファースト」は、インド、スリランカ、ケニアの茶葉をさまざまな比率で配合します。アッサムを使う「アイリッシュ・ブレックファースト」は、かなり力強い味わい。かつてはブレックファーストといえば、販売地域の水の硬度に合わせてブレンドするのが一般的でした。レシピは極秘事項で、有名な紅茶メーカーはどこも公開していません。

玄米茶

「庶民のお茶」の玄米茶には、煎茶と炒った米を使います。元々は、お茶の価格を下げるためのかさ増し要員だった米ですが、近年はその香味が受けています。まれに米のはじけたものが少量混ざるため、英語圏では「ポップコーン茶」とも呼ばれます。ここでは簡単なレシピを紹介します。まず日本米(白米)を研ぎ、鉄(鋳鉄)フライパンに入れ、油をしかずに弱火できつね色になるまで10〜15分炒めます。米が冷めたら煎茶と混ぜます。

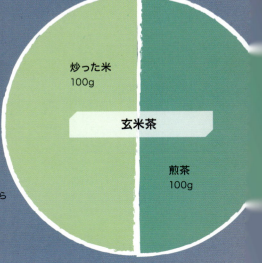

茶葉をブレンドする　61

アールグレイ

3種類の紅茶で作る、さわやかなブレンドティー。グレイ伯爵（アールグレイ）が1830年に英国首相に就任して以来、さまざまなコクのブレンドが誕生しています。軽やかなダージリンとセイロンに、麦芽風味のアッサムを足して深みを出します。アールグレイの特徴的な香りを生むのは、ベルガモットのオイルとピール。オレンジピールで代用することもできます。

アールグレイ
- ベルガモットオイル　小さじ1/4
- ベルガモットピール　小さじ4
- アッサム　60g
- ダージリン　60g
- セイロン　60g

モンクブレンド

ティールームの定番メニュー。フランシスコ会の修道士が考案したブレンドで、ザクロから作るグレナデンシロップを使うのが伝統ですが、ザクロエクストラクトでも同じ香味を再現できます。バニラエクストラクトでなめらかさを出し、カレンデュラペタル（花弁）とサンフラワーペタルで色と香りを添えます。

モンクブレンド
- ザクロエクストラクト　小さじ1/2
- バニラエクストラクト　小さじ1/2
- カレンデュラペタル　大さじ1
- サンフラワーペタル　大さじ1
- セイロンブラックティー　190g

ロシアンキャラバン

中国の3種類の紅茶（キーマン、ラプサンスーチョン、焙煎済みの烏龍茶）を使った心地よい味わい。19世紀に中国からロシアに茶葉などの交易品を運んだ、ラクダのキャラバン隊に敬意を評したブレンドです。何か月にも及んだ旅では、茶葉はキャンプファイヤの煙や自然の猛威にさらされました。このレシピでは、そんな燻香を醸し出しながらも、ラプサンのタール風味が苦手な方のためにスモーキー感は最小限に抑えています。

ロシアンキャラバン
- ラプサンスーチョン　40g
- 焙煎済みの烏龍茶　40g
- キーマン　120g

バラ茶（玫瑰花茶 まいかいはなちゃ）

18世紀のイギリスで人気を博した、中国の伝統的な花茶。量産品では一般的に、ハマナスの花弁を茶葉に重ねて花のオイルをつけ、花弁を添加して見た目よく仕上げます。ハマナスの甘さが感じられることから、アフタヌーンティーに人気の一品。自宅で作る場合は、中国の工夫紅茶にローズエッセンスとドライローズペタルを加え、密閉容器に入れて数日間置きます。

バラ茶
- ローズエッセンス　小さじ1/4
- ドライローズペタル　大さじ2
- 工夫紅茶　190g

コンテンポラリーブレンド

　5年ほど前からは、生フルーツ、ドライフルーツ、花弁を加えるトレンドが広がり、力強さ、甘さ、フルーティさを楽しめる、そうしたブレンドの人気が高まっています。これらのブレンドにはペストリーやケーキの名前が付くことが多く、「デザートティー」のカテゴリーができるほどポピュラーになりました。お茶をあまり好まない人でもおいしく飲めることから、ストレートティーに興味を持つきっかけにもなります。きれいな見た目のデザートティーは、アイスで淹れると格別。また焼き菓子の材料としても役立ちます。

　メインの材料の風味が茶葉の細かな違いを隠してくれるので、上質な茶葉を使わなくても大丈夫。材料の相性に注意して、風味がケンカしないものを使うのが、おいしいブレンドにするコツです。デザートとしての相性が良い材料を使い、濃厚な紅茶をベースにすれば、大概うまくいきます。正しい材料を使うのなら、紅茶以外の茶葉でもかまいません。

　ここでは、自宅で試せるおいしいデザートティーのレシピを紹介します。ベースに使うお茶を単独で淹れるときと同じ湯温と抽出時間で淹れましょう。

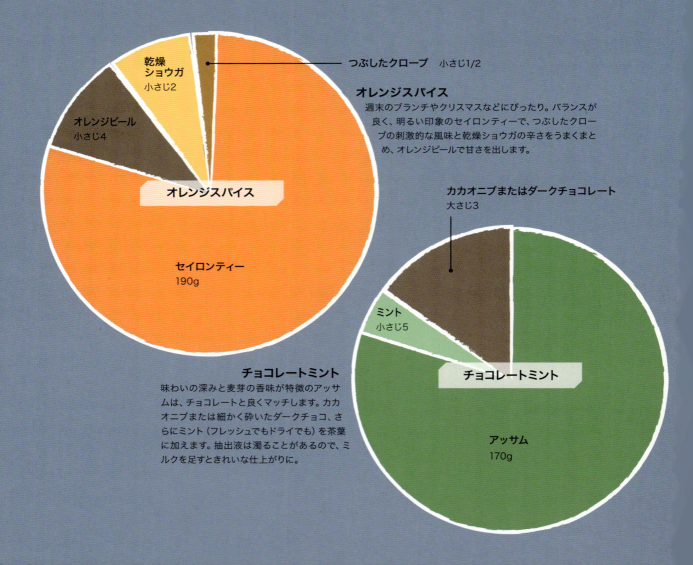

オレンジスパイス
週末のブランチやクリスマスなどにぴったり。バランスが良く、明るい印象のセイロンティーで、つぶしたクローブの刺激的な風味と乾燥ショウガの辛さをうまくまとめ、オレンジピールで甘さを出します。

- つぶしたクローブ　小さじ1/2
- 乾燥ショウガ　小さじ2
- オレンジピール　小さじ4
- セイロンティー　190g

チョコレートミント
味わいの深みと麦芽の香味が特徴のアッサムは、チョコレートと良くマッチします。カカオニブまたは細かく砕いたダークチョコ、さらにミント（フレッシュでもドライでも）を茶葉に加えます。抽出液は濁ることがあるので、ミルクを足すときれいな仕上がりに。

- カカオニブまたはダークチョコレート　大さじ3
- ミント　小さじ5
- アッサム　170g

茶葉をブレンドする　63

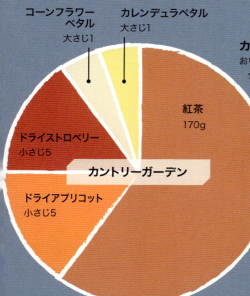

カントリーガーデン
おいしく飲めて、目も楽しませてくれる、芳醇な香りのドリンク。夏の庭園を思わせるコーンフラワーとカレンデュラのほかに、果樹園をイメージしたドライのアプリコットとストロベリーをプラス。紅茶が香味の主導権をにぎって、甘さとフルーティさをほどよく抑えます。

トロピカルパラダイス
緑茶ブレンドには、ガンパウダー（平水珠茶）などの低グレードの茶葉が最適です。緑茶は味を主張しないのでベースというよりも材料の1つですが、ブレンドでは良い働きをします。ドライレモングラス、ドライマンゴー、ココナッツファインのブレンドは万人受け間違いなし。気分爽快な一品です。

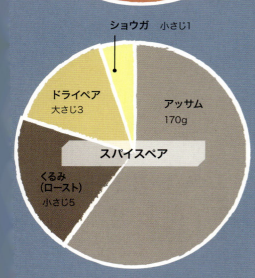

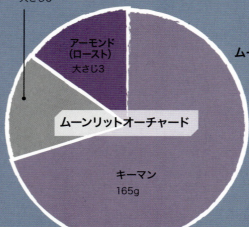

スパイスペア
このナッツブレンドには、アッサムがはまり役。甘味はドライペア（洋梨）が担当してくれます。ローストしたくるみで甘さを調整し、ショウガでスパイス感を演出。好みでミルクを加えてもしっかりとした香味を感じられます。

ムーンリットオーチャード
「紅茶界のブルゴーニュ酒」とも称されるキーマンは、中国屈指の豊かな味わいを持つ絶品です。アメリカンチェリーを思わせる茶葉にドライチェリーを添加するのは自然な流れ。アーモンドを砕いて加えれば、ナッツの風味が甘さを抑え、アーモンドオイルがなめらかに仕上げます。

世界各地のお茶

66　世界各地のお茶

お茶の歴史

アジアで発見されたお茶は、世界へと広まり、伝わる先々で人々の心をつかんでいきました。心身を活気づけるお茶の歴史は波乱万丈で、革命や戦争の引き金となったこともあったのです。

プーアル沱茶

お茶の発見
お茶は紀元前2737年の中国で時の皇帝神農が発見したとされています。チャノキの下で休んでいた神農は、沸いているやかんの中に落ちた葉が発する香りに惹かれ、一口飲んでみました。すると、さわやかな味わいを感じたのです。

伝播
唐（618～907年）の時代には、日本と朝鮮半島の仏僧が唐からチャノキの種子を持ち帰り、自国で植えました。両国では仏僧によってお茶文化が育まれ、現代へと受け継がれています。

唐の学者 陸羽

お茶の年表

紀元前2737年
神農帝がお茶を発見。

紀元後420年
禅僧が座禅のときにお茶を飲んでいた。

618～907年
唐代に確立された茶馬古道が、お茶の生産地である雲南地方と、お茶の消費地である中国各地やチベットを結んだ。

760～762年
唐代の学者、陸羽が『茶経』（茶の本）を著す。

828年
チャノキの種子が朝鮮半島へと伝わり、半島南端の花開村付近の智異山に植えられた。

栽培
紀元後420年には、中国の禅僧は座禅での集中力を維持するためにお茶を使っていました。彼らは寺の近くにチャノキを植え、茶葉を固形状にして地域の人々に売っていました。まもなく農民も栽培・加工の方法を学び、日常的にお茶が飲まれるようになりました。

交易路
地図中に赤色で示した茶馬古道は、中国とモンゴルやチベットを結ぶ交易路で、中国人はこの道を使って茶葉（押し固めたもの。緊圧茶）を売り、運搬や交戦用の強い馬を得ていました。

お茶の歴史　67

モンゴル民族の侵攻
1271年には、中国に侵攻したモンゴル民族が元王朝（1271〜1368年）を築きます。モンゴル民族は自らの素朴な淹れ方を好んだことから、中国の洗練されたお茶文化は廃れてしまいます。その後、明王朝（1368〜1644年）の統治下では、緊圧茶からリーフへと製茶方法が発展しました。

モンゴルのお茶
味の効いたバター茶は、昔も今もモンゴル人の食事には欠かせません。

1271年
モンゴル民族の侵攻を受け、宋代のお茶文化が低迷。

1590年
当時中国にいたポルトガルの宣教師が、お茶に関する手紙を祖国に送った。

1610年
ポルトガルが中国から茶葉の輸入を開始。

1619年
オランダがインドネシアのバタヴィア（現ジャカルタ）に港を建設して茶葉を輸入し、ヨーロッパ諸国に輸出。

1658年
ロンドンの新聞に、お茶の提供開始を知らせる広告が掲載された。コーヒーハウスでは「チャイナドリンク」と呼ばれ、当時のイギリスではごく少量しか手に入らなかった。

1664年
東インド会社が中国からジャワ経由で茶葉の輸入を開始。

熱狂
16世紀、ヨーロッパで初めてお茶を口にしたのはポルトガル人だったのに対し、お茶の人気を広めたのはオランダ人でした。オランダは茶葉の最大輸入国となり、ヨーロッパ諸国に輸出していました。当時非常に高価だったお茶は、富裕層の飲み物でした。

東インド会社
1600年に民間企業として設立されたイギリス東インド会社（以降EIC）は、強力な独占体制で世界の貿易高の半分を掌握。EICはイギリス向けの茶葉の輸入の全量を中国に依存していましたが、後に自社の産地を作り、母国と植民地諸国に茶葉を供給するようになりました。

68　世界各地のお茶

アッサムティー

王女の持参金
1662年、ポルトガルのキャサリン王女がイギリス国王チャールズⅡ世と結婚し、膨大な量の持参金の一部として何箱もの茶葉を持ち込みました。当時のポルトガルの貴族社会や、後にEICの極東の貿易拠点となって世界中に茶葉を輸出することになるボンベイの港町では、お茶はすでに流行していたのです。イギリスではまだ普及していませんでしたが、キャサリン妃の影響で宮廷に広まりました。

ロシアンティー
ロシアには1638年にお茶が紹介されましたが、供給が安定したのは交易路の「茶"駱"古道」（一般に「茶の道」）が確立してからでした。

名前の由来
ヨーロッパ人は中国語の厦門（アモイ）方言を話す商人と交易したため、厦門語で茶を意味する「テー」が、英語の「tea」、フランス語の「thé」、オランダ語の「thee」、ドイツ語の「Tee」になりました。

1662年
イギリスの国王チャールズⅡ世がポルトガルのキャサリン王女と結婚。イギリスの貴族社会でお茶が流行。

1689年
シベリア経由でロシアとモンゴルを結ぶ「茶の道」が確立され、2国間のお茶の貿易量が急増。

1676年
お茶の人気の高まりを受け、チャールズⅡ世が119%の茶税を導入。

1773年
当アメリカ植民地で税金への不満が「ボストン茶会事件」へと発展。輸入品の茶箱がボストン湾に投げ捨てられた。

密輸
高額な茶税が課された影響で、イギリスでは茶葉の密輸が横行。大陸ヨーロッパからチャネル諸島やマン島を経由して茶葉が違法に輸入されていました。18世紀初頭は密輸が盛んでしたが、個人で小型船や時には手漕ぎ船を使って非常に小規模に行っていたため、一度に運べるのはせいぜい60箱が限度でした。

イギリス植民地
北米の植民地でもお茶は嗜まれていたものの、重税が課せられていました。そして1773年12月16日、「代表なくして課税なし」を訴えた植民地の市民が、ボストン湾の停泊船から積み荷の茶箱を海に投げ捨てたのです。この「ボストン茶会事件」は、アメリカ独立戦争（1775〜1783年）へと急速に発展しました。

お茶の歴史　69

中国に潜入
インドでアッサム種が発見されたものの、EICが好んだのは中国種でした。ダージリンの冷涼な気候と標高に耐えられる中国種のほうが投資価値ありと判明したためです。中国の内陸部から挿し穂・種子・ノウハウを獲得すべく派遣された植物学者のロバート・フォーチュンは、1848〜1851年の派遣期間中、種子と苗木を船便でインドに送りました。

アヘン戦争
イギリスの茶園がインドに設立されてからも、EICは中国（清）との貿易を継続。EICはインド産のアヘンを中国に売って銀を得、その銀で茶葉を購入していました。ところが1820年代に、アヘン中毒の蔓延を受け、清政府がアヘンの吸引を法律で禁止したのです。それでもアヘン貿易は続いたことから、英中間で1839年〜1860年の間に2度のアヘン戦争が勃発しました。

中国の蓋碗(がいわん)

1778年
博物学者のジョゼフ・バンクスが、インド北東部でチャノキを栽培することをイギリス政府に進言。

1823年
インドのアッサムでアッサム種の原種が発見された。

1837年
アメリカが中国と直接貿易を開始。

1839〜1860年
アヘン戦争

1784年
英国首相ウィリアム・ピットが茶税を119%から12.5%に減税。紅茶が労働者階級でも手の届く価格になった。

1835年
アッサム種の原種の挿し穂をもとに、アッサムではじめてチャノキが栽培された。

1838年
アッサムで収穫した少量の茶葉が検証のためにロンドンに送られる。

大衆のための紅茶
18世紀の大半の期間は、紅茶はイギリスの労働者階級にとって手が届く代物ではありませんでした。しかし1784年の減税により、茶葉の密輸が事実上消滅し、大半の人が買えるようになりました。
労働者階級の人々の間では低グレードの紅茶が日常の食事に溶け込み、パン、バター、チーズなどと一緒にテーブルに並びました。当時ポピュラーだったエールに取って代わったことで、人々の健康や注意力が向上しました。

インドでの栽培
長い運搬時間、高い価格、貿易赤字により、EICは茶葉の安定供給のためにインドでチャノキを栽培する必要に迫られます。1835年にアッサムで初めて栽培に成功したものの、大規模な収穫を達成するまでには10年以上を要しました。1870年代には、民間の茶園がアッサムやダージリンに広がり、中国よりも安価で収穫量も豊富な産地を手に入れました。

世界各地のお茶

磁器
18世紀半ばにヨーロッパで磁器の製法が完成。19世紀中頃には、ヨーロッパ諸国やイングランドのボーンチャイナの工房はアフタヌーンティーセットの需要拡大に合わせて生産を増加し、好景気にわきました。

ダージリンティー

ボーンチャイナ
上質なカップとソーサーには金の縁取りが施され、夕刻のランプの明かりを受けて光り輝いていました。

スエズ運河
1869年にスエズ運河が開通し、アジアの茶葉の産地から、以前は採算が立たなかった欧米諸国の地へと経済的に運搬できるようになりました。大型で高速な蒸気船で迅速に運ばれたことで、西洋の人々は初めて鮮度の高い良質なお茶を口にできたのです。

1840年
イギリス人がはじめてセイロン（現スリランカ）でチャノキの栽培を試みるも失敗。

1869年
スエズ運河が開通し、蒸気船は低コスト・短期間でアジアを行き来できるようになった。セイロンではコーヒー栽培が失敗し、本格的なチャノキ栽培が開始。

1840年代
クリッパー船がアメリカへの茶葉の運搬期間を短縮。

1869年
イギリスがセイロンでのチャノキ栽培を開始。茶葉の確保が容易になり、価格が大幅に下落。

1872年
アッサム州で世界初の蒸気式揉捻機が導入され、製茶のコストと時間が削減される。

船舶の技術の発展
19世紀前半、英米に茶葉を運ぶにはアフリカ大陸の喜望峰を回らざるを得ませんでした。新たに考案されたクリッパー船は、高さを抑えた細長い形状と横帆により最高時速は20ノットにも達し、旧型船の半分の期間で大量の茶葉を届けました。帆船時代の最後期に建造されたカティサーク号は、1877年まで茶葉を運びました。

クリッパー船

インドの紅茶
19世紀後半にはインドでプランテーションが拡大し、ヴィクトリア朝期（1837〜1901年）には毎年新たな土地が開拓されました。インド産の秀逸な紅茶は、ヨーロッパ、オーストラリア、北米で人気を博しました。

お茶の歴史　71

ティーブレイク
産業革命真っ盛りの19世紀後半、長時間のシフトに苦しむ工場労働者のために、雇用主は午前と午後に各1回、無料で紅茶を提供し始めました。これが「ティーブレイク」の起源です。やがてメイドには紅茶手当が支給されるようになりました。

緑茶の輸入がストップ
第二次世界大戦前は、中国と日本の緑茶は北米のお茶の消費量の40％を占めていました。

第二次世界大戦
大戦中、紅茶はイギリス軍の士気向上に一役買いました。市民には1人あたり週に56gの茶葉が配給されましたが、残りは軍や緊急サービス部隊へと回されました。一方の北米では、戦争の結果、太平洋の航路が閉ざされ、大西洋経由での紅茶しか届かなくなった影響で、終戦時には緑茶は一切飲まれていませんでした。緑茶に再び手を伸ばしたのはずっと後のことです。

1908年
ニューヨークの茶葉の貿易商トーマス・サリバンが茶葉のサンプルを綿の小袋に入れて納品したことがきっかけで、偶然にもティーバッグが広まった。

1939〜1945年
第二次世界大戦中、紅茶が配給制になり、茶葉貿易の要路が閉ざされる。

1960年代〜現在
お茶の人気は拡大を続け、水に次いで世界で最も広く消費される飲料となった。

1910年
インドネシアがチャノキの栽培を開始。

1920年
一般販売用のティーバッグが開発される。

1957年
ローターバンが発明され、製茶の効率が向上。

アフタヌーンティー
19世紀末までには、イングランドの貴族階級と中産階級でアフタヌーンティーが定着。貴婦人は親しい友人を自宅に招き、お茶会用のティーガウン（コルセットなしのゆったりとしたインフォーマルなドレス）で紅茶を楽しみました。繁華街にはティールームが次々とオープンし、初期の女性参政権運動の会合場所となりました。

プランテーション
インド南部のケララ州ムンナールに青々と広がる茶園。標高1600m。

アフタヌーンティー

イギリス文化の代表格であるアフタヌーンティーは、午後の軽食として始まり、やがて豪盛な食事へと発展しました。今では世界中でファンを獲得し、各地の味覚に合わせたアレンジが生まれています。

起源

アフタヌーンティーの慣習ができたのは1840年代のこと。ガス照明がイギリス上流階級の邸宅に導入され、夜暗くなってから夕食をとることが可能になり、流行していた時代です。1日の食事は朝夕の2回だけが普通だった当時、影響力のあったベッドフォード公爵夫人が、夕食までの空腹をまぎらわせるために午後4時ごろに紅茶と軽食をとる習慣を始めたのです。やがて公爵夫人は、ベッドフォードシャーのウォバーン・アビーの応接間に友人を招いて紅茶を飲むようになりました。まもなく、貴婦人の私室で始まったこの食事は社会的な慣習へと発展し、国内や植民地の応接間へと広がっていきました。

アフタヌーンティーの影響でボーンチャイナのティーセットの需要が拡大し、世界中で磁器産業が栄えました。北米でこの慣習が絶頂に達した1950年代には、アメリカの作家エミリー・ポストが紅茶の正しいエチケットについてエッセイを著しています。

現在、アフタヌーンティーは午後2〜5時ごろにとるため、昼食と夕食のどちらの代わりにもできます。再び関心が集まっている近年では、世界各地のホテルやカフェ、ティールームで、テーマに基づいたアフタヌーンティーメニューが用意されており、スイーツとフィンガーフードを楽しむことができます。

紅茶のエチケット

アフタヌーンティーはイギリス文化に深く根づいており、1人ひとりが「これこそ正しい」という信念を持っています。スコーンをスライスする派と手で割る派、クロテッドクリームをジャムの前に塗るコーンウォール流と後に塗るデヴォン流、紅茶が先かミルクが先かなどでよく議論になります。

伝統に則るのならダージリンやアッサムなどの濃厚な紅茶ですが、アフタヌーンブレンドやアールグレイといったシグネチャーブレンドも人気です。紅茶は必ずミルクまたはレモン&シュガーを選択できます。また慣習では、キュウリやスモークサーモンのクリームチーズ添えなどの小ぶりな耳なしサンドイッチを種類豊富に用意し、ジャムとクロテッドクリームのスコーンという甘い系のフードを添えます。ペストリーは紅茶のすぐ近くに置きます。

今日、アフタヌーンティーを出している店では、軽食やペストリーを引き立てるため、お茶のメニューが拡大傾向にあります。たいていの場合、日本や中国の緑茶、烏龍茶、オリジナルのブレンドティー、さらにはフルーツティーやハーブティーなど、世界各地の多彩なお茶から選ぶことができるほか、グラスのシャンパンで会を始めることも珍しくありません。フードも地域によってバラエティ豊かで、マカロン、カップケーキ、ケーキに加え、点心や生の魚介類、オードブルを味わうことができます。

ミルクが先 (Milk First)

ミルクを先に注ぐことには多くの利点があり、かつては、冷たいミルクで紅茶の温度を下げることで、ボーンチャイナ製のカップの割れを防いでいました。ただ、客人をもてなす際には、自分でミルクや砂糖の量を調節できるように、紅茶を先に入れて出すほうがずっと実際的で、礼儀にかなっています。

実態
イギリスの紅茶文化の象徴と見られがちですが、実際は日常的な習慣ではなく、たまの贅沢や特別なお祝い事の一環で楽しむものなのです。

中国

山岳地帯に茶園が広がる中国では、何千年も前にお茶が発明されました。現代における栽培のノウハウも、すべては中国からの学びが始まりでした。

茶葉の生産量は世界最大ですが、ほとんどが国内で消費され、輸出に回るのはそれほど多くありません。そこで大胆な西洋のバイヤーは、中国の生産者と親しい関係を築き、高級な茶葉を入手して販売するようになりました。

世界に類を見ないほど豊富な種類の茶葉が生産されています。また、2000年以上もの製茶の歴史を持つことから、栽培や製茶に関するメーカーの知識量は尋常ではありません。収穫は今でも手摘みが主流で、生産ではオーソドックス製法のみを用います（P.21を参照）。一方で、通常の製茶工程から外れて独自の茶葉を作ることも、小規模な緑茶生産ではよく見られます。

たいていの生産者はその地元の茶葉しか扱いません。ただ、別種類の茶葉を試す人も多く、たとえば、緑茶用の品種から紅茶を作ったり、日本茶用の品種のやぶきたを育てたりしています。

安吉白茶
浙江省安吉県の緑茶。摘み取る前の茶葉が白いことが、「白茶」の名前の由来です。

中国の基本データ

- **世界の生産量に占める割合：** 36.8%
- **標高：** 中〜高
- **その他の産地：** 安徽省、広東省、湖北省
- **主な種類：** 緑茶、烏龍茶、白茶、紅茶、プーアル茶、黄茶
- **収穫期：** 3月〜5月
- **世界の生産量ランキング：** 世界最大の茶葉生産国

中国

四川省
紀元前53年に蒙頂山に最初の茶園が開園。紀元後907年の唐代には、蒙頂甘露が皇帝への献上茶となっていました。蒙頂甘露は現在でも新茶がすぐに売り切れる人気商品。緑茶の竹葉青や黄茶の蒙頂黄芽なども作られています。

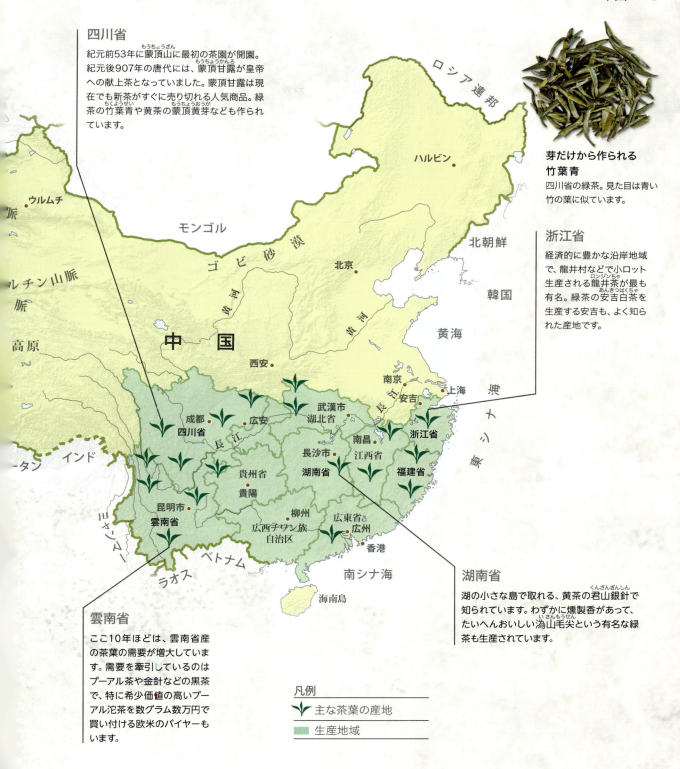

芽だけから作られる竹葉青
四川省の緑茶。見た目は青い竹の葉に似ています。

浙江省
経済的に豊かな沿岸地域で、龍井村などで小ロット生産される龍井茶が最も有名。緑茶の安吉白茶を生産する安吉も、よく知られた産地です。

湖南省
湖の小さな島で取れる、黄茶の君山銀針で知られています。わずかに燻製香があって、たいへんおいしい潙山毛尖という有名な緑茶も生産されています。

雲南省
ここ10年ほどは、雲南省産の茶葉の需要が増大しています。需要を牽引しているのはプーアル茶や金針などの黒茶で、特に希少価値の高いプーアル沱茶を数グラム数万円で買い付ける欧米のバイヤーもいます。

凡例
- 主な茶葉の産地
- 生産地域

中国のお茶文化

中国の暮らしにおいて、お茶は何千年もの間、高い価値を与えられてきました。そして何世紀もの時を経て、お茶を取り巻く文化や慣習は芸術の形態へと発展。お茶は中国の人々にとって、強壮剤であり、薬であり、創造性を呼び起こしてくれるものなのです。

古代中国

2000年以上にわたり、お茶の栽培と消費は中国国内で完結していました。やがてシルクロードや茶馬古道（名前は主要な交易品に由来）沿いで交易が始まり、国境付近の地域にお茶が伝来。漢（紀元前206～紀元後220年）の時代から暮らしのなかでお茶は飲まれていましたが、工夫茶（P.78～83を参照）などの洗練された儀式が誕生したのは、やっと唐（618～907年）や宋（960～1279年）になってからでした。

唐代の学者の陸羽は『茶経』を著しました。チャノキの植樹や収穫、お茶の淹れ方について詳細に記したこの書は、お茶の歴史の重要な転換点となり、お茶が文化としての地位を得ることになったのです。

茶店

唐初期には、お茶や茶菓子を売る「茶店」にあらゆる階級の人々が集まって、最近の出来事を話したり交流したりしていました。茶店は池の上や近くに建てられたため、客は足下を泳ぐ鯉を眺め、流れる水の音を聞いて風流な雰囲気に浸りました。

社交の中心となった茶店では、芸術品を鑑賞したり、詩・歌・書を興じたりできたほか、劇を観ることもできました。清（1644～1912年）の時代には、山中の茶園の暮らしを描いた劇が人気を博し、定期的に上演されました。そのうちの1つ、茶摘み中の退屈しのぎの歌を取り入れた江西省の「贛南採茶劇（かんなんさいちゃげき）」は、300年以上も演じられています。

磚茶（たんちゃ）
茶葉をレンガの形に押し固め、交易路での輸送時にくずれにくくしたものです。

竹筒
古代中国では、交易路での長旅で保護するため、茶葉を竹筒に入れて運びました。

献上茶

古代中国では、どの皇帝も、中国有数の価値ある茶園で採れた初物の茶葉を、捧げ物として献上することを求めました。この慣習は生産者にもメリットがあり、皇帝のお墨付きを得た茶葉はよく売れました。

この献上茶の発展形として、現代の中国では毎年、十大銘茶が称えられています。この10品はほとんど変動がなく、緑茶が大半を占め、烏龍茶がいくつかと紅茶が1つ含まれています。

現代

1949年の中国革命後、中国は世界から孤立し、外国に対してビジネスや観光の門戸を閉ざしましたが、これが図らずして伝統的なお茶のレシピや製法を守ることになりました。ところが、1966年～76年に文化大革命が中国全土を襲い、非共産主義的な要素を一掃するという名の下で、多くの文化遺産や歴史的建造物が失われました。お茶文化への具体的な影響を推し量るのは容易ではありませんが、近年、過去の豊かな文化が顧みられるなかで、お茶への関心も復活しています。

装飾された扇子
お茶会では、男女とも、美しく装飾された扇子を使って涼みました。

中国のお茶文化の復興

お茶は現代の中国の暮らしでも重要な位置を占めています。たとえばタクシーの運転手は、緑茶を入れた携帯用の茶瓶をボトルホルダーに常備していますし、各地の茶館への就職を目指して女性がお茶の出し方の作法を学ぶ茶館学校もあります。また、欧米人の舌に合う新しい紅茶の開発も進み、2006年に世に出た（武夷山のラプサンスーチョンの一種）は、引く手あまたの状態です。

「ティーツーリズム」も人気で、福建省武夷山の崖に広がる茶園や浙江省杭州市の西湖エリアを訪れたり、雲南省麗江市にあるお茶をテーマにしたデザイナーズホテルやレストランを回ったりする熱心な人もいます。香港も負けていません。香港式ミルクティー（P.176のレシピを参照）を楽しめるだけでなく、かつてイギリス軍総司令官邸だった茶具文物館では世界最古のティーポットを見られるとあって、多くの茶愛好家を惹きつけています。

プーアル茶
丸餅状に固め、ライスペーパーで包まれたプーアル茶。

初めてチャノキを栽培し、その知識を広めたのは仏僧でした。

工夫茶

淹れ方の作法だけでなく、おいしく淹れることも大切にする「工夫茶」。上質な一杯を淹れるための手間ひまに重きを置く工夫茶という儀式では、装飾豊かな磁器から素焼きの器まで多彩な茶器が使用され、その1つひとつが立派な役割を持っています。

「工夫」は、中国における伝統的なお茶の淹れ方のことで、「手間ひまかけること」を意味します。卓越した技術が必要とされるこの儀式は、ほとんどの場合、女性によって行われます。女性の踊るような手さばきは、茶葉の抽出時間にぴったりと合致し、それが終わるときにはお茶ができあがっています。工夫茶では弱発酵烏龍茶の鉄観音を用いるのが普通ですが、上質な茶葉であれば何でもかまいません。

工夫茶には2つの地域の様式があり、広東省潮汕（ちょうさん）を発祥とする控えめな工夫茶では、茶杯に直接お茶を注ぎます。福建省武夷山に端を発する儀式色の強い工夫茶では、お茶を茶海（公道杯）に移してから、茶杯に均等に注ぎます。

工夫茶で最も人気が高い急須は宜興茶壺です。茶壺にはお茶の香りが染み付くため、一種類の茶葉専用にするのが普通です。磁器製やガラス製の茶壺や茶海を組み合わせて使うこともあります。

宜興茶壺
江蘇省宜興市の粘土から作った茶壺。茶葉を入れる前に、お湯で洗って温めます。

茶こし
お茶を茶杯に注ぐときに茶葉を受け止めるのに使います。

杯則
茶葉を茶壺に入れるときに使います。

聞香杯
お茶を飲む前にその香りを楽しむための小さな杯。

茶寵
動物や神獣をかたどった、宜興市の粘土製の小さな像。お湯をかけると色合いが変化します。お茶の儀式に幸運をもたらすとされます。

杯茶
聞香杯のお茶を茶杯に移し、客人に出します。

工夫茶　79

水盂（すいう）
椀に入れた不要なお湯を捨てるときに使う大きな器。

茶挟（ちゃきょう）
聞香杯や茶杯を洗って温めるときに、熱くなった杯を持ち上げるときに使います。

茶通（ちゃつう）
茶壺の注ぎ口に詰まっている茶葉を取り除くときに使います。

茶海（公道杯）（ちゃかい・こうどうはい）
お茶は茶海から注ぎます。濃さを均一にするためです。

茶杓（ちゃしゃく）
茶壺の中の茶殻をかき出すときに使う長いティースプーン。

茶漏（ちゃろう）
茶壺の上に置いて茶葉を入れやすくし、茶葉がこぼれて無駄になるのを防ぎます。

茶盤（ちゃばん）
装飾が施された木製または竹製のトレイ。ここでお茶を淹れます。あふれた湯はすのこの下に流れる仕組みです。

茶托（ちゃたく）
聞香杯と茶杯を客人に出すときに使います。

茶巾（ちゃきん）
茶器を拭いたり持ったりするときに、たたんだ状態で使います。

工夫茶で淹れる

福建省式の工夫茶では、亭主(もてなす側)と客人の双方に複雑な動きが求められます。茶海(公道杯)を使って均等にお茶を注ぐのが、福建省特有の淹れ方です。

工夫茶で淹れる　81

1 茶壺を温める
85℃に熱した湯を、ゆっくりと円を描くように宜興茶壺の内と外にかけ、茶壺を温めます。茶壺から茶海に湯を注ぎます。

2 茶海の湯を注ぐ
茶海の湯を聞香杯と茶杯に注ぎます。湯をたらしながら、まんべんなく繰り返し湯を注いで温めます。茶挟で杯の湯を捨てます。

3 茶葉を入れる
茶則で茶葉を計り、茶漏を使って茶壺に入れます。茶壺を軽く揺すって茶葉の目を覚まします。

4 茶壺に熱湯を注ぐ
高い位置から注ぎ、湯をあふれさせます。茶海の上で円を描くように蓋を滑らせてから蓋をします（拡大写真を参照）。

5 すぐにお茶を注ぐ

お茶を茶海に移し、茶海のお茶の一部を聞香杯と茶杯に注ぎ、各茶器を温めます。拡大写真のように茶寵にもかけると縁起が良いとされます。この最初の抽出は、茶葉を洗って器を温めるのが目的です。お茶は手順7で捨てます。

6 茶葉が開いてくる

茶葉を洗った後の1煎目は、茶壺の内と外に湯を注いであふれさせ、手順4と同じように蓋をし、その上から湯を注いで茶壺を洗って温めます。茶葉は10秒以上浸します。

7 お茶を捨てる

手順5で聞香杯と茶杯に注いだお茶を、茶挟を使って捨てます。茶海のお茶は水盂に空けます。

8 茶海に移す

茶壺の底面の湯を柔らかい布で拭き取り、茶こしを使って茶海にお茶を移します。

9 聞香杯に注ぐ

茶海から聞香杯にお茶を注ぎます。あふれない程度に、まんべんなく繰り返し注ぎます。

工夫茶で淹れる　83

10 茶杯に移す
茶杯を逆さにして聞香杯の上に重ね、慎重に
ひっくり返して茶杯にお茶を移します。

11 茶托に載せる
聞香杯が上にある状態のまま、茶杯を茶托に載せます。
聞香杯を持ち上げて茶杯から出します。

12 客人に出す
茶杯と聞香杯の両方を客人に出します。その後、2煎目
を入れ始めます。抽出時間は1煎目＋5秒です。

客人の役割
茶杯のお茶をいただく前に、聞香杯を持ち上げ
てお茶の香りを確かめます。お茶を飲んだら、香
味について一言感想を述べましょう。

インド

昔から麦芽の香味のアッサムと高級なダージリンで知られるインドでは、現在、ニルギリやダージリン・グリーンといった別品種の栽培が試みられています。

インドの茶葉生産量は世界全体の22%を占めます。そのほとんどは国内消費に回り、世界中に輸出されているのは残りの約20%です。20世紀初頭は、国内で紅茶を消費していたのは上流・中流階級くらいで、生産量の大半が欧米諸国に輸出されていました。茶葉の価格が手頃になり、インド国内の多くの消費者が紅茶を飲めるようになったのは、1950年代にCTC製法（P.21を参照）が発明されてからでした。

インドで茶葉の栽培が本格化したのは19世紀のこと。イギリス国内で愛飲されていた紅茶を、イギリスが中国からの輸入に頼らず自らの植民地で自給するためでした。東インド会社が中国からの種子と苗木の密輸を手配したことで、インドでは中国種とインド原産のアッサム種の両方が栽培されました。中国種の繁殖は、ダージリンの冷涼な気候で実現しました。

産地の有名どころはダージリンとアッサムですが、インドは現在、2大品種よりも知名度の低い茶葉の売り込みを試みています。そのうちの1つ、ニルギリは、気温が一気に氷点下まで下がって非常に香り高い茶葉が生まれる1月下旬〜2月に摘まれます。さらにダージリンの茶園では、白茶や緑茶用の品種の栽培・生産も行われ、フレッシュで甘い香味のお茶が生まれています。

ムンナールのプランテーション
ケララ州の小さな避暑地ムンナールの内外には、50以上もの茶園が広がり、総面積は3,000ヘクタールに上ります。

インドの基本データ

世界の生産量に占める割合： 22.3%

茶葉の種類： 紅茶、緑茶、白茶

収穫期： 5月〜10月（北部） 1年中（南部）

有名な事実： 大英帝国の植民地として初めて茶葉を栽培

標高： 低〜高

インドは世界第2位の茶葉生産国です。

アッサム

肥沃な土壌が広がり、モンスーンの雨が降るインドのアッサム州は、世界で最も生産性の高い産地です。味が深くて強いアッサム紅茶は、インドの総生産量の約50％を占めます。

インドの北東端、ブラマプトラ川の土砂で形成された標高の低い氾濫原に位置するアッサム州は、茶葉の栽培が最も盛んな地域。生産の大半は、ティーバッグ産業向けの、CTC製法（P.21を参照）で製茶された一般消費向けの紅茶です。

アッサム州の肥沃な土壌には、モンスーン季（5月〜10月）の氾濫によって栄養がもたらされます。茶葉が収穫されるのは、真夏と真冬を含む4月〜11月。この時期は最高で38℃にも達し、テラリウムや温室の環境が再現されます。アッサム州のファーストフラッシュは4月に摘採されるのに対し、セカンドフラッシュは5月〜6月に摘まれ、アフタヌーン系の紅茶ブレンドに使われます。一部では、一般消費向けよりも高値で輸出される高グレードのフルリーフ茶葉を作ることを目的に、オーソドックス製法（P.21を参照）に回帰する生産者もいます。そのため、オーソドックス製法のアッサム茶葉は、「地理的表示」によって保護され、「アッサム」の名を冠したすべての茶葉は、確かにアッサム産であることが保証されています。

アッサム州はインドのほかの地域とは標準時が異なり、インド標準時（IST）より1時間早い「バガン時間」（茶園時間の意）を採用しています。これにより労働者は、早い日の出を有効活用することができます。

ブラマプトラ川の渓谷地域

アッサム州全域を流れるブラマプトラ川の渓谷地域は、アッパーアッサム、ノースバンク、セントラルアッサム、ロアーアッサムの4つの主要な産地に分けられます。

アッサム州の基本データ

世界の生産量に占める割合：	**13%**
収穫期：	**4月〜11月**
主な茶葉の種類：	**CTC製法の紅茶、オーソドックス製法の紅茶、緑茶**
有名な事実：	**世界で最も生産性の高い茶葉の産地**
標高：	**低**

インド・アッサム 87

凡例
- 主な茶葉の産地
- 生産地域

ノースバンク
ブラマプトラ川のノースバンク地方ディブルガルにある低地の茶園では、生産量の大半をティーバッグ用のCTC茶葉が占めます。

ロアーアッサム
ロアーアッサムと呼ばれる茶葉の産地は、ナルバリ、ボンガイガオン、州都グワーハーティーを囲む地域から成ります。

アッパーアッサム、セントラルアッサム
アッサムの最高級茶葉が最も多く生産されているのはアッパーアッサムです。ジョールハートのトクライ茶研究所は、チャノキのクローン種開発の最前線です。

ノースバンク
アッサム州で生産されたCTC茶葉の大半がここのオークションにかけられ、その大部分が国内市場に回ります。

地図上の地名: アルナーチャル・プラデーシュ州、ディブルガル、ティンスキア、ノースバンク、アッパーアッサム、ノースラキンプル、シヴァサーガル、ジョールハート、ナガランド州、テズプル、ブラマプトラ川、ナガオン、レングマ山地、ディマプル、グワーハーティー、ロアーアッサム、アッサム州、メーガーラヤ州、バレイル山脈、マニプル州、トリプラ州、ミゾラム州

野生種の発見
アッサム種（学名カメリア・シネンシス・アサミカ）の野生種は、1823年、スコットランド人ロバート・ブルースによってアッパーアッサム地方の山地で初めて発見され、しばらくしてカメリア・シネンシス（チャノキ）の変種に分類されました。ほかの品種よりも大きな葉をつけるのが特徴です。

アッサム州の茶葉
香味でアッサムのセカンドフラッシュを凌ぐ茶葉はないといわれるのは、高温多湿の生育環境が、麦芽のような濃厚な味わいを生むためです。

88　世界各地のお茶

ダージリン

インドのダージリン地方は、栽培面積はわずか181km² ですが、その茶葉は世界屈指の知名度を誇ります。冷涼な気候と高い標高が生む茶葉の芳醇な香りは、市場で高い評価を得ています。

ヒマラヤ山脈の縁に位置する、インド北部のベンガル州のダージリン地方は、茶葉の産地としての長い歴史があり、80数カ所ある茶園の中には19世紀から続いているところもあります。茶葉の生産量は国内の総生産量の1.13%を占めるのみですが、ダージリン産の茶葉は非常に質が高いことから、「地理的表示」で保護されています。しかし地理的表示法は適用が難しく、指定地区外のヒマラヤ地方で採れた茶葉を混ぜてかさを増し、「ダージリンティー」と偽って販売する生産者もいます。インド茶業局では、ダージリン商標のロゴを策定し、バイヤーが正真正銘のダージリン産を判別できるようにしています。ダージリンでは、中国種以外にも、中国種とアッサム種のハイブリッド種が一部で栽培されています。

1000～2100mという標高の高さがダージリンの風味の秘密の1つ。さらに、冷涼な霧で頻繁に覆われるために茶葉がゆっくりと育ち、成長時期には昼夜の寒暖の差を一身に受けます。こうした生育環境が、密度のある味わいを生む一助になっているのです。

茶葉を摘み取る女性
ダージリンでは、女性の労働者が茶葉を手摘みします。3月中旬からのファーストフラッシュに始まり、年に3回収穫します。

ダージリンの基本データ

世界の生産量に占める割合：**0.36%**

主な茶葉の種類：
紅茶、烏龍茶、緑茶、白茶

有名な事実：
地理的表示とダージリンの商標

収穫期：
3月～4月 ファーストフラッシュ、
5月～6月 セカンドフラッシュ、
10月～11月 オータムナル

標高：**高**

セカンドフラッシュ
多層的な味わいで、マスカットの香味がはっきりと感じられます。

インドのお茶文化

ブレンドの始まりは約400年前の中国福建省。押し固めた茶葉に代わってブレンド向きのリーフタイプが普及し、ジャスミンなどを添加して香味や芳香を高めるようになったのです。現在では、根強い人気のクラッシックブレンドのほか、フルーツや花を大胆に加えた新しいブレンドも登場しています。以下のレシピをもとに、ブレンドの技術を磨いてみましょう。

茶葉の栽培

18世紀には、お茶はイギリスでポピュラーな飲み物となっていたので、その増大する需要に応え、中国の独占状態を解消すべく、イギリス東インド会社（EIC）はチャノキの種子と有能な人材を中国から秘密裏に持ち出し、インド北部に茶園を設立しました。そしてようやく19世紀半ばになって、ダージリンとアッサムで新たに栽培された茶葉が収穫され、イギリス本国や植民地に供給されるようになりました。

イギリスのグレード体系

茶葉をふさわしい値段で販売できるように、イギリス人はオーソドックス製法の茶葉について、茶葉の見た目に基づいた紅茶のグレードの体系を整備しました。この体系では、砕かれたり傷がついたりしていないフルリーフのほうがブロークン（砕かれた茶葉）よりも上位に位置付けられます。現在は、インド、スリランカ、ケニアで導入されています。

加工中に茶葉が細かく砕けてしまうのはよくあることで、特に乾燥後には茶葉がもろくなって砕けやすくなります。そのため、茶葉を区分けしてグレードを付けた後には、ダストやファニングスと呼ばれる微細な破片だけが残ります。これらは最低グレードの代物ですが、上質な茶葉からできたファニングスであれば、ティーバックの人気ブレンドに使えます。

イギリスのグレード体系は、茶葉の見た目やサイズのみを基準とし、香味、香り、抽出液の味は考慮されません。一部のグレード名にある「フラワリー」は小さな芽が含まれることを示します。また、「ゴールデン」はゴールデンチップが含まれていることを、「オレンジ」は抽出液の色を意味しています。

フルリーフ

SFTGFOP	スペシャル・ファイン・ティッピー・ゴールデン・フラワリー・オレンジ・ペコ（フルリーフの中で最小）
FTGFOP	ファイン・ティッピー・ゴールデン・フラワリー・オレンジ・ペコ
TGFOP	ティッピー・ゴールデン・フラワリー・オレンジ・ペコ
GFOP	ゴールデン・フラワリー・オレンジ・ペコ
FOP	フラワリー・オレンジ・ペコ
FP	フラワリー・ペコ
OP	オレンジ・ペコ

ブロークンリーフ

GFBOP	ゴールデン・フラワリー・ブロークン・オレンジ・ペコ
GBOP	ゴールデン・ブロークン・オレンジ・ペコ
FBOP	フラワリー・ブロークン・オレンジ・ペコ
BOP1	ブロークン・オレンジ・ペコNo.1
BOP	ブロークン・オレンジ・ペコ
BPS	ブロークン・ペコ・スーチョン

20世紀初頭は、インドで生産される茶葉のほぼすべてが紅茶でした。

チャイ

　1850年代には茶葉の栽培が始まっていたにもかかわらず、ミルクと砂糖を加えた紅茶「チャイ」を飲む習慣が広まったのは、意外にも19世紀後半になってから。プランテーションの所有者のイギリス人が庶民にその飲み方を紹介したことがきっかけでした。インドの伝統に習った水牛のミルクを使えば、その濃厚なクリーミー感で、インド紅茶（特にアッサム）の力強さが引き立ちます。乳脂肪分の高い水牛のミルクがベターですが、動物性ミルクであれば何でもかまいません。

　香り高い香辛料「マサラ」は、今も昔もインド料理の要です。かつてはマサラを入れた辛いドリンクは薬の扱いでした。19世紀末期には、ミルキーで甘いチャイとこのスパイスが出会い、今日の私たちが知る濃厚でスパイシーな「マサラ・チャイ」が生まれたのです（レシピはP.182〜183を参照）。

チャイを飲んでひと休み
インドの通りにはすさまじい数のチャイの屋台が所狭しと並び、チャイ人気が如実に表われています。1日中どの時間帯でも、オフィスワーカーと肉体労働者が屋台でチャイを飲む光景が見られます。

クリー

　チャイワーラー（「お茶屋」の意）は、1からマサラ・チャイを作ります。使うのは、オリジナルブレンドのスパイス、低級品の紅茶、ミルク、そして砂糖。チャイは高い位置から注がれ、「クリー」と呼ばれる小ぶりな素焼きのカップで出されるのが一般的です。衛生的で環境に配慮したクリーは、自然に返る粘土でできており、チャイを飲んだら道端に投げ捨てます。

スパイスの効いたチャイ
あふれんばかりの香味と香りが特徴のマサラ・チャイの刺激的な味は、クローブ、シナモン、カルダモン、ショウガといったスパイスミックスによって生まれます。

スリランカ

イギリス植民地時代はセイロンと呼ばれていた活気のある小さな島国、スリランカ。伝統的な手法で、いくつもの上質な茶葉を育て、生産しています。

元々コーヒーの木を栽培していたスリランカが茶葉栽培に舵を切ったのは、コーヒープランテーションの大部分が壊滅的な疫病に襲われた1869年のことです。1972年に本来の国名の「スリランカ」に戻ったものの、輸出品の茶葉は今日でも「セイロンティー」と呼ばれています。

茶葉の産地は国土中央の高地に集中しており、生産される茶葉は産地の標高をもとに、ハイグロウン、ミドルグロウン、ローグロウンの3つに分けられます。年に2回訪れるモンスーンの影響は産地によってまちまちで、風向きが異なることでさまざまな微気候が生まれるため、各地の茶葉には特有の個性が感じられます。

長年の内戦によって国内の茶葉産業は甚大な影響を受けましたが、近年は持ち直し、明るい印象の豊かな風味の紅茶やセイロンシルバーチップ（白茶）が世界中で好評を得ています。茶葉産業では100万人以上が雇用されており、収穫は現在でも手摘みです。

スリランカの茶園
斜面に植えられた落葉樹により、1日に数時間はチャノキが影に入ります。

スリランカの基本データ

世界の生産量に占める割合： **7.4%**

有名な事実： **ティーガーデンとイギリス式の紅茶**

収穫期： **12月～4月**
1年中収穫する産地もある

主な茶葉の種類： **紅茶、白茶**

標高： **高、中、低**

ラトゥナプラの紅茶には独特の甘味があります。

世界各地の習慣

お茶のレシピや伝統は国や地域によってさまざまで、それらは、地理的な場所、手に入る材料、食習慣など、多様な要因がからみ合って生まれます。ここでは、特にユニークな飲み方をする3つの地域を紹介しましょう。

東フリジア（ドイツ）

　北海を臨むドイツ北岸に位置する東フリジアは、ほかの地域から比較的孤立していたことから、独自の紅茶文化が形成されました。
　東フリジアでは、ヨーロッパに紅茶が紹介された17世紀から紅茶が消費されており、19世紀には独自のブレンドが作られ、人々の間で飲まれていました。淹れ方は今日でも変わっていません。現在、東フリジアの1人あたりの年間紅茶消費量は300リットルに上り、世界でもトップクラスです。
　東フリジアに拠点を置くブレンダーは、ビュンティング、オノ・ベーレンツ、ティエレ、ウーヴェ・ロルフの4社。各社ともヨーロッパ最大の紅茶輸入拠点であるハンブルクで茶葉を仕入れます。レシピは門外不出ですが、どれも力強いブレンドで、たっぷりのアッサムセカンドフラッシュにセイロンやダージリンが少量加えられています。
　磁器製のティーポットに茶葉をどっさりと入れて、濃厚な紅茶を作ります。次に、小ぶりの磁器製のカップに氷砂糖の一種クルンチェをごろごろと入れ、その上から紅茶を注ぎ、さらにダブルクリーム（乳脂肪分48％以上のクリーム）を加えます。紅茶は混ぜません。砂糖はゆっくりと溶けるので2杯目以降も活躍し、クリームは雲を作り、徐々に紅茶と混ざります。充実した味わいと麦芽の香味が特徴で、冬場には景気付けにラム酒をたらします。

ティーカップ
小ぶりの磁器製のカップで出します。装飾入りが一般的。

モンゴル

モンゴル帝国が中国に侵攻した13世紀当時、モンゴル民族の間では、押し固めた黒茶、水、ミルク、塩、(たまに)雑穀で作る濃厚なミルクティー「スーテーツァイ」が飲まれており、中国の統治中も中国のお茶文化を拒んで、この塩入りの黒茶の伝統を継続しました。

そのときのモンゴル人の食事は、乳製品、肉、穀物が大半を占め、お茶にはそれを補完する役割がありました。また、貴重な水はモンゴル民族にとって神聖な存在で、それだけで飲むことはなく、スーテーツァイを作るために使われました。家畜の牛、ヤク、ヤギ、牝馬、羊、ラクダのミルクに、茶葉、水、塩を加えて煮立て、ひしゃくを使って高い位置からティーボウルに注ぐのが、当時の淹れ方です。

スーテーツァイは現代モンゴルの社会でも、なくてはならない存在です。普段の日中に頻繁に飲まれているほか、商談の成立時や客人を迎えるとき、家族の集まりといったさまざまな場面でよく出されます。出されたスーテーツァイを断るのは、無礼と受け取られます。

チベット

チベットのお茶との関わりは、かの茶馬古道沿いで中国の茶葉とチベットの馬の交易が盛んだった13世紀までさかのぼります。当時は、キャラバン隊の小道と山道から成る危険な茶馬古道が網のように走り、中国南西部(現四川省)とチベットを結んでいました。

チベットには茶葉の栽培に適した特定地域はないものの、ペマグルという地域では少量栽培され、黒茶の磚茶が作られています。ただ、チベット外ではほとんど知られておらず、入手も困難。独特のバター茶「ポーチャ」を淹れるときには、いまでもこのお茶が使われます。

ポーチャを作るには、まず磚茶を崩して熱湯に入れ、半日間煮だします。こうしてできた濃厚な色のお茶を、ヤクのミルク、バター、塩をともに「ドンモ」という縦長の木製の容器に入れ、濃く明るいクリーム色になるまで、よくかき混ぜます。その後、ティーポット(昔は金属製、今は一般的に陶製)に注ぎ、木製や素焼きの大きめのカップに入れて飲みます。慣習では、客人は間隔を空けながらお茶を少しずつ飲み、もてなす側は客人が一口飲むごとにお茶を継ぎ足します。濃厚で塩味の効いたポーチャは、旅行者も飲むうちに慣れるでしょう。チベット人にとっては、厳しい気候と高地を生き抜くカロリーを追加で摂取するための大切なお茶で、遊牧民は1日に40杯も飲むことがあるといいます。

ポーチャ (バター茶)
塩味の効いたバター茶は、ネパールやブータン、インドのヒマラヤ地方でも飲まれています。

> 東フリジアの人々は一般的に1回のティータイムで3杯も飲みます。

日本

12世紀から続く茶葉栽培の歴史を持つ日本。日本のお茶といえば、真っ先に挙がるのは緑茶です。国内需要が非常に高く、輸出量は生産量の3%ほどです。

中国大陸から帰国した学僧によって初めて日本にお茶がもたらされたのは805年のことですが、京都の宇治で茶葉の栽培が盛んになり始めたのは、ようやく12世紀に入ってからでした。現在は主に本州と九州で栽培されており、海風を受けて育つ茶葉には海や海苔の香味が宿ります。日本のチャノキの75%を占めるのは、1954年に静岡で開発された栽培品種「やぶきた」。香りが強く、香味の密度が高いのが特徴です。やぶきたは収穫量が豊富で、日本の冷涼な気候にも耐えられるうえ、日本の土壌にも適しています。

人件費が高い日本では、茶葉の収穫と加工の機械化が進んでいます。また茶園では、高さ数メートルの電動式のファンをよく見かけます。茶園中に計画的に設置されているこれらのファンは、温度が下がりすぎないようにするためのもの(=防霜ファン)で、上空の温かい空気を若い新芽に向けて吹き下ろして、霜が降りるのを防いでいます。

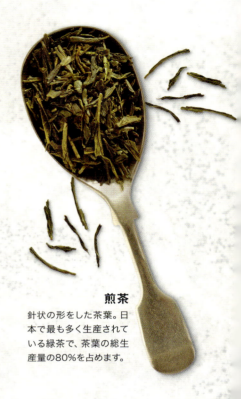

煎茶
針状の形をした茶葉。日本で最も多く生産されている緑茶で、茶葉の総生産量の80%を占めます。

日本の基本データ

世界の生産量に占める割合:	**1.9%**
主な茶葉の種類:	**緑茶**
有名な事実:	**玉露、煎茶、玄米茶、抹茶**
標高:	**低**
収穫期:	**4月~10月**

諏訪の茶屋
江戸時代(1603~1868年)に建てられた茶屋。1912年に皇居吹上御苑に再建され、その後1968年に現在の場所(皇居東御苑)に移築されました。正式な数寄屋造りの建物です。

日本の茶の湯

「茶の湯」は室町時代から伝わる儀式で、「茶道」とも呼ばれます。儀式的な所作を実践してお茶を点てることで、悟りを開けると考えられています。

茶の湯の目的は、飾らない純粋な抹茶を点てること。専用の茶器と道具を使って、決まった所作に従って行います。茶の湯には2種類あります。ここで紹介する「茶会」はくだけたお茶の会合のことで、1時間もかかりません。薄茶とともに、抹茶の苦みを消すための和菓子が出されます。もう1つの「茶事」は非常に格式張った儀式で、4時間かかります。濃茶が点てられるほか、一汁三菜の懐石料理が出されます。

元々は禅の儀式だった茶の湯は、お茶の道を極めた千利休によって16世紀に洗練されました。「和敬清寂」の理念を唱えた利休の茶の湯は、現代でも世界中で教えられています。

建水（けんすい）
湯を捨てる器。茶碗をすすいだ湯はここに空けます。その場にないことになっているので、茶の湯では目立たないように使いましょう。

茶碗
季節によって使う形状が異なり、夏は浅い茶碗、冬は深い茶碗を使うことがあります。器にはシンプルで慎ましい美しさ、「わび」が感じられます。

茶筅（ちゃせん）
一つの竹から削り出す、抹茶用の泡立て器。数十本の「穂」の先端は内側に曲がっています。

茶巾
茶碗を儀式的に清めるときに使う白い布。

蓋置
湯を沸かす釜から蓋を外したら、この竹製の道具の上に置きます。

柄杓
柄の長い竹製の柄杓は、釜から湯をすくうときに使います。

水指
新鮮な水を入れておく器。この水を釜に移して沸かします。木製、陶器製、磁器製のものがあります。

茶杓
竹製が主流。長い柄の付いた平たいスプーン状で、(薄茶の容器)の抹茶を茶碗に入れるときに使います。

棗
なつめ
薄茶を入れておく木製の容器。漆が塗られたもの、塗られてないものの両方があります。

釜
鉄製のやかん。水指から移した水を沸かします。

和菓子
米粉、砂糖、餡などを使って作られる日本のスイーツ、和菓子。お茶を点てる直前に、和菓子を客人に出します。客人は和菓子をいただくための懐紙(かいし)(四角形の紙)と菓子切(菓子用の楊枝)を持参します。

茶の湯の作法

茶の湯のそれぞれの所作は、ゆったりと、確かな目的を持って行われます。お点前を披露する場は、常に清らかで清潔でなければなりません。蓋は開けたら元に戻し、茶巾は使ったらたたみ直しましょう。ここでは、簡略化した所作の一部を紹介します。

茶の湯の作法　101

1 帛紗をたたむ
茶道具を拭いて清めるための帛紗（四角形の綿製の布）の、対角線の両角を持ち、長い辺から3分の1下がった所で手前に折ります。

2 帛紗をたたむ（続き）
次に、下の部分を手順1と反対方向に折って、帛紗を三つ折にします。その後、長さ方向に半分に折り、最後にさらに半分に折ります。

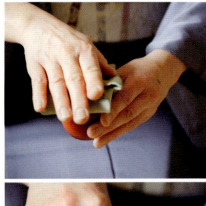

3 帛紗の使い方
清める道具を包むようにして、帛紗の両端を合わせます。亭主（もてなす側）は茶の湯の準備として、客人の前で茶道具一式を儀式的に清めます。

世界各地のお茶

4 茶碗に湯を注ぐ
柄杓を使って釜の湯をすくい、茶碗に注ぎます。

5 茶筅とおし
茶筅の穂に折れや傷がないことを確認し、茶筅を茶碗の中に入れ、ゆっくりと回します。湯の中で軽くすすぎ、茶筅を持ち上げます。湯に通すことで、茶筅がやわらかく、温かくなり、シミがつきにくくなります。

6 湯を捨てる
茶碗の中で湯を転がしてから、湯を建水に空け、茶巾で茶碗の水分を拭き取ります。

7 抹茶を入れる
茶杓2杯分の抹茶を茶碗に入れます。

茶の湯の作法　103

8 湯を注ぐ
柄杓を使って再度釜から茶碗に湯を注ぎます。今回の湯は抹茶を点てるために使います。柄杓は使わないときは釜の上に置いておきます。

9 点てる
ゆっくりと混ぜてから、細かい泡が表面に立つまで「W」を描くように素早く茶筅を動かします。

10 茶碗を持つ
茶碗を手のひらに載せ、時計回りに2回まわして、最も見栄えのする面を客人の方に向けます。

11 客人に出す
正座したまま、客人に抹茶を出し、お辞儀をします。

客人の役割
客人は亭主にお辞儀をし、茶碗を手に載せ、時計回りに2回まわして、最も見栄えのする面を亭主側に向けます。抹茶を3回で飲み切ります。最後は音を立ててすすり、上質なお茶をおいしくいただいたことを亭主に示します。空になった茶碗を亭主に戻します。

ロシアのお茶文化

サモワールで沸かした湯を使うのがロシアの伝統的なお茶の淹れ方。17世紀に中国から伝わって以来、お茶はロシアの人々の間で親しまれ、今日でも国民的な飲み物といわれるほど人気を博しています。

　ロシアに初めてお茶が紹介されたのは、モンゴル民族が皇帝ミハイルI世に茶葉を贈った1638年のことです。それから数十年後には、ロシアは中国から試験的に茶葉を輸入。1679年には中国と条約を結び、動物の毛皮を輸出する代わりに茶葉の定期的な供給を受けるようになりました。

　1870年代までには、リーフタイプの紅茶と磚茶が中国から輸入され、ロシア人の暮らしのあちらこちらにお茶が浸透していました。結婚式をとり行ったり、ビジネスの契約を結んだり、和解を成立させたりする場には、常にお茶があったのです。

　昔は、自騰鑵の湯沸し器「サモワール」で湯を沸かしてお茶を淹れていました。当時は「チャイニク」（ティーポット）に湯1カップあたり小さじ5の茶葉を入れて「ザワルカ」（濃厚な紅茶）を作り、それをサモワールの上に置いてお茶を保温しました。

　客人が来たときには、その家の婦人がザワルカをグラスに注ぎ、サモワールの湯を足して客人の好みに薄めて出していました。紅茶はブラックまたはレモンを加えて飲むのが一般的で、甘味づけには、ジャムやハチミツ、砂糖が使われました。お茶の席には、チーズで作った厚めのパンケーキにジャムを添えた「シルニキ」や、刻んだナッツ、バター、小麦粉を焼いてアイシング用の粉砂糖をまぶした「ロシアンティーケーキ」などの軽食も出されていました。伝統的にティーグラスは金属製のホルダー「ポッタカニク」を付けて出していたので、手をやけどすることなく熱々の紅茶をすすることができました。

　現代のロシアでも、多くの社交の場で紅茶が出されています。また、ティーバッグよりリーフのほうが断然ポピュラーです。伝統のサモワールは、日常生活で使われることはまずありませんが、今でもロシア社会の強力なシンボルであり、人々の心に、温かみ、和み、仲間意識といった明るい気持ちを湧き立たせる茶道具であり続けています。

サモワール
元々は利便性を追求した設計でしたが、次第に装飾要素のきわめて強い芸術品になっていきました。

ポツタカニク
家庭からは姿を消したものの、列車では今でも紅茶を出すときに使われます。

台湾

お茶の歴史は短いながらも目覚ましい成果を上げてきた島、台湾。鉄観音や阿里山などの香り高い上質な烏龍茶が最も有名で、それらが生産量の大部分を占めています。

かつてフォルモサと呼ばれていた台湾は、清朝下の中国によって1683年に占領され、福建省に編入されました。その後、福建省武夷山からの移住者が茶葉の栽培技術をもたらし、肥沃な土壌が広がる山地に種子を植えました。当時は製茶設備がなく、茶葉の加工は福建省で行われていました。

1868年、イギリス人の貿易商ジョン・ドッドの支援を得て、台北に製茶工場が誕生。茶葉の製造と輸出が容易になり、台湾の茶葉は世界中に知れ渡りました。高地で採れる烏龍茶が有名ですが、それ以外にも多彩な種類の烏龍茶が世界各地に輸出され、台湾でも広く親しまれています。

台湾産烏龍茶は季節ごとに香味が異なり、春摘みの高地の烏龍茶にはフローラルでフルーティーな風味がはっきりと感じられ、気温の下がる冬に摘む烏龍茶は芳醇な香りと確かなコクがあります。半発酵茶の烏龍茶の製造には長時間を要し、最大で10の段階を踏む製造工程は、完了までに2日以上かかるのが普通です。

茶葉の収穫
高級茶葉の収穫は手摘みが主流。芽と若い葉を中心に摘み取ります。

台湾の基本データ

世界の生産量に占める割合：**0.6%**

有名な事実：**高地で採れる烏龍茶**

標高：**中〜高**

主な茶葉の種類：**烏龍茶、紅茶、緑茶**

収穫期：**4月〜12月に5回収穫**

台湾で育った茶葉の80％が台湾内で消費されるのも、お茶が愛されているがゆえのこと。

台湾

阿里山茶

新北市
台湾島の北端に位置する地区で、強いナッツ風味で知られる高級茶、鉄観音の産地です。人気観光地の坪林（へいりん）には、台北に住む人々が茶葉を求めて押し寄せます。

新竹県
台湾島北部にある新竹県は、白毫（別名：東方美人）で有名です。「ウンカ」という昆虫が茶葉に棲みつくことで生まれます。ウンカが新芽を噛むと、茶葉の中で酵素の産生が刺激されます。自衛のために分泌されるこの酵素が、独特の甘くてフローラルな風味を生むのです。

南投県
台湾島の中央に位置する南投県は、19世紀に台湾で初めてチャノキが植えられた地域で、台湾の茶葉の総生産量の半分以上がここで生産されています。有名なハイグロウンティーの凍頂（とうちょう）烏龍茶の産地です。

嘉義県
嘉義県が茶葉の産地となったのはわずか25年前のこと。阿里山がそびえる県で、標高700〜1700mの高地で茶葉が栽培されています。近接する玉山（ぎょくざん）の山岳地帯にも、小規模な茶園が数多く集まっています。

阿里山茶
弱発酵の烏龍茶。台湾の最高峰を擁する阿里山の霧の中で育ちます。

甘い香りの烏龍茶
さまざまな種類があり、台湾中で人気です。

凡例
- 主な茶葉の産地
- 生産地域

世界各地のティーカップ

ティーカップは、形状もサイズも原材料も、国によって多種多様です。文化的な制約や様式の流行を反映したティーカップは、お茶の時間を彩る重要なアクセサリーです。

日本の茶碗
陶磁器の器。釉薬で一風変わった味わいのある装飾が施されているものが一般的です。茶の湯（P.98〜103を参照）では、最も見栄えのする面を客人に向けて出します。

チベットの茶飲みの器
チベットのバター茶「ポーチャ」はこのタイプの器に入れて出します。口が広くなっているので、お茶に加えられた穀物類をすすりやすくなっています。

ロシアのティーグラスとホルダー
透かし細工を施した金属製のホルダー「ポツタカニク」にグラスをはめて出すのがロシアの伝統。ポツタカニクを使えば、持っても熱くなく、カップも倒れにくくなります。

磁器製のカップ＆ソーサー
カップ＆ソーサーは欧米のお茶文化の象徴として世界中で認知されているアイテム。16〜17世紀には中国から輸入されていたことから、磁器は英語で「チャイナ」とも呼ばれます。イングランドなどのヨーロッパ各地で磁器の製造が始まったのは、ようやく18世紀半ばになってから。中国在住のイエズス会の聖職者が磁器の製法をフランスに送ったことがきっかけでした。

世界各地のティーカップ　109

インドのクリー
手作業で作られる、使い捨てのシンプルな素焼きのカップ。どのチャイ屋台でも使われています。高級なティーショップに行けば、伝統と近代化が融合した、凝ったデザインのクリーも手に入ります。

トルコのチャイグラス&ソーサー
チューリップの形状をしたグラス。上部の外に広がっている口を持てば、持っても熱くありません。ガラスなので、お茶の濃い琥珀色の色味が映えます。

中国の茶杯
上質なお茶を少しずつ飲んでもらうために、小ぶりな形状になっています。磁器が一般的ですが、釉薬で土色に装飾したり伝統的な染め付けによる模様を描いたものもあります。

モロッコのティーグラス
きらびやかな装飾が入った、ミントティー用のグラス。「キーサン」と呼ばれ、さまざまなデザインやカラーの製品があります。

ティーマグ
イギリスやアメリカの全土で人気があり、磁器、硬質陶器、陶器など、さまざまな材料を使ったものがあります。お茶をたっぷり注げるので、何度もおかわりする手間が省けます。

韓国

ほんのわずかしか輸出されない、若い葉から作る韓国の茶葉は、非常に風味がよく、探しまわる価値のある代物です。繊細な新茶を祝う祭の時期には、毎年お茶目当ての観光客が韓国を訪れます。

韓国には828年に中国からチャノキの種子がもたらされ、慶尚南道（キョンサンナムどう）の智異山（チリサン）に植えられました。韓国のお茶文化は智異山から花開いていったのです。ところが16世紀に日本の侵攻を受け、多くの茶園を喪失。こうした状況下やその後の政治的な混乱期でも、僧侶や学者たちはお茶文化を絶やすことなく、小さな土地で茶葉の栽培を続けていました。お茶への関心が蘇ったのは1960年代初頭のことで、以後、茶園が再び広がっていきました。

韓国の茶葉の産地は半島南部の山岳地帯にほとんどが集中しています。これは、朝鮮海峡や日本海から吹く海風の恩恵を受けられるためです。生産量の大半は緑茶で、摘採は陰暦に従って行われます。4月中旬の一番茶から作られる雨前（ウジョン）には、甘くてやわらかい味わいがあるのに対し、5月上旬に摘まれる細雀（セジャク）は、やわらかさの中にもはっきりとした香味が感じられます。最も遅い5月中旬～月末に摘まれる中雀（ジュンジャク）は、非常に甘みの強い、明るい翡翠色のお茶になります。一部の職人は、麦芽・ストーンフルーツ・マツの香味がある、経年発酵させた黒茶「パリョ茶」も生産していま

宝城（ポソン）
まぶしい緑が整然と並ぶ。お茶目当ての観光客に人気で、茶葉栽培の中心地とされています。

韓国の基本データ

世界の生産量に占める割合：
0.1%

標高：
中

収穫期：
4月中旬～5月末

有名な事実：
新茶の祭り

主な茶葉の種類：
緑茶、抹茶、経年発酵の黒茶

韓国の茶葉
竹かごに入れられ、区分けと包装を待っています。

韓国

慶尚南道
智異山の斜面で栽培した茶葉から緑茶が作られています。茶葉は、収穫後すぐに高温で釜炒りして酸化発酵を止めます。加熱して加工しやすくなった茶葉は、すだれの上で揉捻してねじった形状にしてから、回転ドラムで乾燥させます。ここでは年間約600トンの緑茶が生産されています。

全羅南道
慶尚南道ほど山はありませんが、ここの茶園は1年中観光客を惹きつけてやみません。宝城には、1000を超える小規模な茶園が1063ヘクタールにわたって広がり、その多くが職人気質の農家です。多くの韓国人が訪れる有名な大韓茶園（デハンダウォン）は、農業と観光業の両方を営む年中無休の茶園で、うねった茶畑が広がる斜面を見下ろせます。

済州島
84の茶園を持つ小島。茶園の総面積は341ヘクタールで、生産されるお茶のほとんどが国内消費に回りますが、90トンほどは北米に輸出されています。

韓国の緑茶は、釜炒りで酸化発酵を止めます。

凡例
- 主な茶葉の産地
- 生産地域

112　世界各地のお茶

韓国の茶礼

シンプルながらも格式のある茶礼（タレ）は、暮らしの中にある簡素なものを重んじ、その風情を味わいます。こうした哲学は、茶器のすっきりとした輪郭や自然な仕上がりに表れています。

現代の韓国茶礼は、韓国茶の第一人者である曉堂（ヒョダン）がお茶（特に茶礼で使う般若露緑茶）の最善の淹れ方を記した「韓国の茶礼」（1973）の影響を大きく受けています。「般若露（パニャロ）」は「悟りの智慧の露」の意で、このお茶を淹れることで精神が磨かれることを示しています。また曉堂は、韓国茶の伝統的な淹れ方や楽しみ方の保全を目的として、韓国茶文化協会も設立しました。

「茶礼」は「お茶の礼儀作法」の意です。

禅の教えや、自然体を重んじる禅の価値観と密接に結びついた「茶礼」は、韓国人にとって、毎日をゆったりと過ごし、心を落ち着かせるための方法です。

茶礼の美を引き立てる簡素な陶器製の茶器は、一般的に装飾がなく、色も抑えられ、機能性のある形状をしています。

茶挟（チャヒョブ）
木製の茶挟は、茶葉を茶壺から茶缶に移すときに使います。

茶托（チャタク）
客人に出すときに茶鐘を載せる皿です。

茶巾（チャゴン）
綿製の小さな布で、茶鐘などを持つときに四角形に折りたたんだまま使います。

退水器（テスギ）
茶鐘の湯を捨てるための大きな陶製の器。

韓国の茶礼　113

茶床（チャサン）
テーブルにこのリネン生地の布を敷いた上に茶器を並べます。

蓋置（ケチ）
茶缶に湯や茶葉を入れるときは、蓋をこの陶器製の蓋置に置きます。

熟盂（スグ）
中くらいの陶器製の湯冷まし。注ぎやすいように縁に口が付いています。

茶缶（タグァジ）
陶器製の急須。中空の取っ手が付いているものが一般的です。

茶壷（チャホ）
緑茶の茶葉を入れておく、陶器製の容器。

茶鐘（チャッチョン）
陶器製の茶碗。夏は、口が広くて底が浅く、湯が冷めやすい「堅手（かたで）」の使用が推奨されます。冬に使う背の高い「伊羅保（いらぼ）」は、保温性に優れています。

茶礼の作法

韓国の茶礼の特徴はそのシンプルさにあります。お茶を淹れるときの亭主の緻密で優雅な手さばきは、見る者を楽しませてくれます。

茶礼の作法 115

1 湯を注ぐ
やかんから熟盃に熱湯を注ぎます。熟盃を両手で持ち、湯が垂れないように茶巾を添えながら、湯を茶缶に移します。

2 茶鐘に湯を移す
客人用の茶鐘から順に、茶缶の湯を注ぎます。お茶を淹れる間に茶器を温めておくためです。

3 再び湯を注ぐ
再びやかんから熟盃に湯を注ぎ、茶缶の蓋を外します。

4 茶葉を淹れる
拡大写真のように茶壺を開け、茶挟4つまみ分の茶葉を茶缶に入れます。

5 蒸らす
熟盂を両手で持ち、湯を茶缶に移します。拡大写真のように蓋をして、2～3分蒸らします。

6 湯を捨てる
茶鐘の湯を退水器に空けます。

7 味見
まず亭主が少量のお茶を注いで飲み、お茶が客人に出せる状態になったことを確かめます。

8 お茶を注ぐ
自分の茶鐘が最後になるように、一番遠い茶鐘から順に注ぎます。茶鐘の半分くらいまで注ぎ、少し間を置いて次の茶鐘に移ります。

茶礼の作法 117

9 お茶を注ぐ（続き）
次に、一番遠い茶鐘が最後になるように、自分の茶鐘から順に注ぎます。今度は4分の3程度まで注ぎます。味や濃さを均等にするため、このように2回に分けて注ぎます。

10 茶托に載せる
客人に出す前に茶鐘を茶托に載せます。

11 客人に出す
客人の前の卓に茶托ごと置いて出します。

客人の役割
茶鐘は両手で持ちます。片方の手で底を支え、もう片方は茶鐘の真ん中あたりに添え、口に近づけて飲みます。お茶は3回で飲み切ります。1口目は色合い、2口目は香り、3口目は味を楽しみながらいただきましょう。

トルコ

チャノキの生育に適した気候を持つトルコにとって、お茶は垂涎の的。濃厚で甘い伝統的な紅茶「チャイ」の1人あたりの消費量は、1日10杯にも上ります。

茶葉は、ポントス山脈と黒海にはさまれ、絵のような風景が広がるトルコ北東部のリゼ県で栽培されています。リゼの特徴は、気温が高く、1年を通して一定した雨量がある点。多湿な亜熱帯気候が茶葉の生育に最適な環境を作ります。さらに、夜は冷え込むので、無農薬での栽培が可能になっています。

リゼ県は非常に田舎で、かつては経済的に困窮していましたが、1940年代にチャノキが初めて植樹されたことを境に、黒海沿岸に茶葉の栽培が拡大。現在トルコの茶葉生産量はスリランカに迫っており、リゼ県の経済にも大きく貢献しています。総生産量のうち輸出されるのはわずか5%ほどで、輸入茶葉には145%もの関税が課せられ、国内消費の割合が高く保たれています。

トルコは、イタリア以外でアールグレイの主役のベルガモットを栽培している、数少ない国の1つです。

トルコの基本データ

世界の生産量に占める割合:
4.6%

主な茶葉の種類:
紅茶(CTC)

収穫期:
5月〜10月

有名な事実:
国内消費の割合が高い

茶葉の無農薬栽培

標高:
中

凡例
- 主な茶葉の産地
- 生産地域

トルコ　119

トルコのバザールでは、
客を引き止めて売買を
成立させるためにお茶が
サービスで出されます。

リゼ県

黒海へと続く傾斜地に広がる茶園では、茶葉は摘み取るのではなく、手作業でカットして収穫し、CTC製法（P.21を参照）で製茶します。収穫は早朝に始まり、夕方早くに終わります。その日の収穫量の大半は国営の工場に売られます。

トルコ紅茶を味わう

トルコ紅茶とは、2つで1組のティーポットを上下に重ねた「チャイダンルック」という茶器で淹れる、濃厚な紅茶のこと。下段のティーポットで湯を沸かし、上段のティーポットで濃い紅茶を保温しておくのです。飲むときは、上段の紅茶をチューリップ型のグラスに注ぎ、下段の湯を足して好みの濃さに割ります。ミルクなしのブラックで出されたものに角砂糖をいくつも入れて飲むのが昔からの習わしです。

トルコ紅茶
重い色をした濃いめの「コユ」と、
軽い色をした薄めの「アチュック」が選べます。

120　世界各地のお茶

ベトナム

モンスーン気候により、茶葉の栽培に理想的な環境が作り出されます。収穫量が豊富で、お茶の生産量は世界第6位を誇ります。

ベトナム北部
非常に生産性の高い茶園が広がっています。茶葉のほとんどは、旧北ベトナムにあたる西北・東北・北部内陸・北中部や高地で作られます。

　ベトナムでは、少なくとも1000年以上にもわたってチャノキの土着品種の「シャン」が自生していましたが、プランテーションが誕生したのは、1820年代にフランス人移民によって設立されてからのことです。第二次世界大戦後に訪れた苦難の時代には生産が打撃を受けたものの、その後は生産が大きく回復しました。

　ベトナム北部では、ハザンやシャントゥエットの緑茶やロータスティーといった各地の特産茶葉が作られています。こうした茶葉は世界各地の茶葉市場でベトナム茶協会（VITAS）の後押しを受け、農家の収入増加に貢献しています。製茶はオーソドックス製法（フルリーフ）が主流ですが、CTC製法（P.21を参照）を使う農家も見られます。

ベトナムの基本データ

世界の生産量に占める割合：**4.8%**

有名な事実：**土着の品種**

収穫期：**3月〜10月**

主な茶葉の種類：**緑茶、蓮の花、紅茶**

標高：**中**

ネパール

高地の冷たい空気と起伏の多い地形という理想的な環境で、コクのある複雑な茶葉が生まれています。最も広く栽培されている紅茶のほかに、緑茶、白茶、烏龍茶も作られています。

アジア

茶葉の栽培の歴史が比較的浅いネパールには、プランテーションと小規模茶園が合計で85あります。そのほとんどが小規模農家で、茶葉は拠点の工場に売られて製茶されています。大規模なプランテーションではCTC（P.21を参照）の生産が大半を占めますが、小規模な茶園ではオーソドックス製法によって秀逸な茶葉も作られています。低地で作る紅茶と異なり、高地では萎凋（いちょう）の段階で茶葉が乾燥しやすく、その後の揉捻（ローリング）をしても酸化発酵が弱くなり、黒色の紅茶になりません。しかし、作り方としては紅茶なので、緑っぽさを持った爽やかな香味を感じます。

ネパールの紅茶
東部の山岳地帯で作られています。

ネパールの基本データ

世界の生産量に占める割合： 0.4%

主な茶葉の種類： 緑茶、緑花、烏龍茶

有名な事実： 小規模茶園の協同組合を軸に茶葉産業を改革中

収穫期：
3月〜4月 ファーストフラッシュ
6月〜9月 モンスーンフラッシュ
10月 オータムフラッシュ

標高： 高

ダンクタ
イラムや近接するダージリンと同じテロワールを有しています。

イラム渓谷
東の端に位置し、ダージリンと隣接する地域。ネパール最大の茶葉の産地です。

凡例
主な茶葉の産地
生産地域

世界各地のお茶

ケニア

1903年にチャノキが持ち込まれ、1924年に大量生産が始まりました。以来、ケニアの茶葉産業は紅茶で名声を獲得し、需要に牽引されて世界第3位の生産国に成長しました。

ケニアの茶葉は、火山性の赤土が広がるグレートリフトバレーの高地で育まれ、産地の標高は高いところで2700mに達します。赤道直下に位置することから、産地では雨量が多く、日照量も豊富なほか、高地のおかげで気温も低くなります。こうした要素が茶葉栽培に最適な環境を作り、年間を通した収穫を可能にしています。

栽培されているのは中国種で、約5%がオーソドックス製法で製茶され、残りはすべてCTC（P.21を参照）の紅茶になります。ケニアのCTCは定番のブレックファースト系ブレンドの材料として人気が高く、バランスとコクに優れたブレンドに特有の味が出せます。大粒のCTCは、ティーバッグではなくリーフで飲まれることもあります。

茶葉は主に、グレートリフトバレーの両側の高地（ケリチョ、ナンディヒルズ、ニエリ、ムランガ）に広がる0.4ヘクタール未満の茶園で栽培されています。こうして小規模茶園がうまく茶葉産業に参入できているのは、ケニア茶業開発機構（KTDA）の賜物です。

収穫
茶葉のおよそ90%は手摘みされ、CTC製法で製茶されています。

ケニアの基本データ

世界の生産量に占める割合：
7.9%

収穫期：
1月～12月

主な茶葉の種類：
紅茶、
緑茶、白茶

標高：高

有名な事実：
生産性の高い広大な茶園

マリニン
スパイシーで、しっかりとしたコクのある紅茶。ケニア山とビクトリア湖の間の高地で育まれます。

ケニア 123

産業構造
製茶工場に茶葉を売る小規模農家が数多く存在します。この仕組が地域経済の発展に寄与しています。

ナンディヒルズ
世界屈指の大企業の中には、ここに工場を持ち、CTC紅茶を生産しているところもあります。一部の小規模茶園は、輸出用に粉末状の白茶も作っています。

ケリチョ県
ケニア最大の茶葉の産地。輸出用に大量生産される紅茶の大半がここで作られます。グレートリフトバレーを流れる河川の集水地域であるマウ森林の西端の高地に位置し、この森林が茶園に安定して水を供給しています。

ニエリ県
ケニアで最も気温が低くなる地域の1つ。高い標高と豊富な雨量も相まって、豊作になりやすい環境が整っています。

凡例
- 主な茶葉の産地
- 生産地域

インドネシア

熱帯気候と火山性の土壌がそろったインドネシアは、茶葉の栽培に好都合な環境が整い、黒茶と豊かな味わいの紅茶を筆頭に年間平均で14万2400トンもの茶葉を生産しています。

1684年、オランダ人によって初めて中国種の種子が植えられました。しかし繁殖に失敗。19世紀半ばになって、インドネシアの熱帯気候に適したアッサム種に栽培が切り替えられ、19世紀後半にインドネシア産の紅茶の第一便がやっとヨーロッパに到着しました。その後、数十年にわたって生産は拡大を続けたものの、第二次世界大戦中の日本による占領の影響で生産量は減少し、茶園は荒廃。しばらく回復は見られませんでしたが、1980年代の政府主導の茶園復活計画によって生産が息を吹き返しました。現在では、農産物の輸出量の17%を茶葉が占めています。良質な烏龍茶や緑茶もありますが、やはり最も有名なのはコクのある紅茶です。

北スマトラ州
一部の茶園は、CTC製法（P.21を参照）で量産向けの茶葉を生産し、ブレンドやティーバッグ茶のメーカーに輸出しています。

ジャワ島
オーソドックス製法を用いた最高級の茶葉は、ジャワ島の標高700～1500mで作られます。東ジャワ州やバンテン州、ボゴール近郊には、大規模なプランテーションや小規模なガーデンが広がります。

凡例
- 主な茶葉の産地
- 生産地域

インドネシアの基本データ

世界の生産量に占める割合：	**3.2%**
標高：	**高**
収穫期：	**1年中。**一部の最高級茶葉は**7月～9月**
主な茶葉の種類：	**紅茶、烏龍茶、緑茶**

タイ

茶葉の栽培は北部の狭いエリアに限られますが、秀逸な烏龍茶、緑茶、紅茶が安定して作られています。

茶葉の栽培は、台湾から中国種の挿し穂を持ち込んだ中国人によって1960年代に始まり、その後、冷涼な山岳地帯の気候に適した新しい品種がその中国種から開発されました。現在は、北部のチェンライ県とチェンマイ県（特にドイ・メーサロン地域）で茶葉が栽培されています。台湾の丸まった形状の烏龍茶と同様の製法で作られるタイの烏龍茶は、中発酵のものが普通で、一般に、芳しい香りと草の香味に加え、クリーミーでナッツのような後味があると評されます。

ドイ・メーサロン
ミャンマーとの国境付近に位置する茶葉生産の中心地で、標高は1200m。烏龍茶、緑茶、紅茶が作られています。

タイの基本データ

世界の生産量に占める割合： 1.7%

主な茶葉の種類： 烏龍茶、紅茶、緑茶

有名な事実： 芳しい烏龍茶、台湾と提携して研究開発を実施

収穫期： 3月〜10月

標高： 中

モロッコのお茶文化

ミントを入れて抽出した甘い緑茶を飲む文化は、19世紀のモロッコが発祥です。ガンパウダー緑茶がイギリス人の商人によって紹介された時代のことでした。それからわずか150年。お茶はモロッコ文化になくてはならない存在となっています。

マグレビティーやアッツァイとも呼ばれるモロッコのミントティーは、マグレブ地方(チュニジア・アルジェリア・モロッコ)でポピュラーな飲料。材料に使うガンパウダー緑茶は、1860年代に初めてモロッコに輸入され、ほどなくして、ミントと砂糖を混ぜると爽快で芳醇な飲み物になることが発見されました。

北アフリカでは、どんなときでも、お茶を飲むことが何よりも優先されます。客人に対しては、訪問に敬意を表してお茶を淹れますが、食事は女性が準備するのに対し、お茶を淹れて出すのはその家の男性の役割です。出されたお茶を断るのは失礼にあたります。

まず、沸騰した湯を使って、ガンパウダー大さじ2をティーポットの中ですすぎます。これで苦みを抑えます。次に、ティーポットに最大で12個の角砂糖を加えてから、沸騰したての湯800mlを注いで15分蒸らします。とびきり濃く淹れることを考えれば、砂糖をたっぷり使うのも納得でしょう。その後、別の金属製のティーポットにお茶をこして移し、沸騰させ、再び砂糖を加えます。お茶の準備ができたら、宝石のように彩られた伝統のグラス「キーサン」にフレッシュミントをひとつかみずつ入れます。最後に、60cmほどの高さから豪快にお茶を注ぎ、空気を含ませて泡立たせます。

お茶は3回出すのが習わし。茶葉は浸したままなので、毎回異なる味が楽しめます。「1杯目は人生のように優しく、2杯目は愛のように力強く、3杯目は死のように苦い」とは、古くから伝わるマグレブ地方のことわざです。

砂糖の甘さとミントのピリッとした爽やかな刺激が、お茶の重厚な味わいとうまく釣り合います。

モロッコのミントティー
石炭でも沸かせる金属製のティーポット「ブレッド」で作り、モロッコのどこの家庭にもある伝統のティーグラス「キーサン」に注いで出します。

アメリカ合衆国

地理的にも気候的にもばらばらな産地を持つアメリカにとって、茶葉の栽培は困難をきわめました。しかし現在は、国じゅうの茶園に新たな投資がなされ、生産量が急増しています。

アメリカ政府は1880年代にジョージア州とサウスカロライナ州で茶葉の栽培実験を開始しましたが、気候的な問題や高価な生産費により、30年ほどでことごとく失敗。以降は、各地のさまざまな農家がチャノキの栽培に挑戦し、成功を収めました。とりわけ、サウスカロライナ州のチャールストン茶園は確かな実績を上げており、そこの茶葉はホワイトハウスの御用達となっています。

地域によって土壌環境も気温の範囲もばらばらで、安定した収穫量を計画するのが困難なため、各農家はさまざまな品種を試して、その土地でよく育つものを見極めます。総面積364ヘクタールの茶園の大半は、海から涼しいそよ風が吹く海沿いの州に位置。これまでに、サウスカロライナ、アラバマ、カリフォルニア、オレゴン、ワシントン、ハワイの茶園で高い生産性を実現し、茶葉の販売を開始しています。ミシシッピ州に新設された茶園では、どんどん樹が育っており、あと数年で収穫を開始できる予定です。

ハワイ州

総面積20ヘクタールの50の茶園が島々に点在し、大半の茶園がハワイ島に集中しています。肥沃な火山性の土壌、山がちな地形、豊富な雨量が茶葉の栽培に適した環境を生み、職人たちの手で白茶・緑茶・紅茶・烏龍茶が作られています。ハワイ産には世界でも屈指の高値が付き、ある茶園の茶葉がハロッズ社に1kgあたり85万円で売れたこともあります。

アメリカの基本データ

世界の生産量に占める割合: 0.009%

主な茶葉の種類: 紅茶、緑茶、烏龍茶

収穫期: 4月〜10月

有名な事実: 1〜81ヘクタールの大小さまざまな茶園のスタートアップ企業が存在

標高: 低〜高

涼しい気温
涼しい気温に適応可能なチャノキの栽培を試みている、ミシシッピ州の茶園。挿し穂から育った樹は、あと3〜4年で収穫期を迎えます。

ティザン

ティザンとは

「ティザン」とは、香り高いハーブや植物の抽出液のことで、健康作用やリラックス効果、気力が出る香りなどを目当てに飲まれています。カフェイン飲料の代わりになるものとして、ホットでもアイスでもおいしくいただけます。

お茶とティザンの違い

意外かもしれませんが、ハーブ系のホットドリンクはすべてがお茶に分類されるわけではありません。ティザンは通常「ハーブティー」と呼ばれますが、実はそれは間違いです。チャノキから作られたものではないため、厳密には「ティー（お茶）」ではありません。ティザンは、チャノキ以外のさまざまな植物のあらゆる部位（樹皮、茎、根、花、種、果実、葉）から作る抽出液なのです。また、イェルバ・マテを除き、ティザンの材料にはカフェインは含まれていません。

ティザンのメリット
アロマセラピーの効果を含むティザンは、心身を和ませ、気力・体力を高めることができます。

ティザンのヒーリング効果

ヒーリング効果のあるティザンは、何世紀にもわたって伝統的な中国医学やインドのアーユルヴェーダ医学でさまざまな健康問題の症状の治療に使われてきました。現在、欧米諸国ではティザン人気の高まりを受け、排毒（デトックス）、鎮静・リラックス、睡眠誘導、風邪・インフルエンザの諸症状の緩和に効果のある、健康増進をねらったブレンドやミックスドリンクが、多くのティーショップやスーパーで売られています。実際、ありとあらゆる症状に効くブレンドやドリンクがあるといえるかもしれません。

植物やハーブの化学作用は複雑で、従来の医療とは相性が悪いかもしれず、またアレルギーが悪化する可能性もあります。治療の一環としてティザンを使うかどうかを決める前に、必ず医師に確認してください。

薬草学者

医師、薬屋、占星術者、生物学者だったイギリス人のニコラス・カルペパー（1616〜1654）は、著作『薬草大全』で、数百ものティザンの材料とその効能をまとめました。当時知られていたティザンの材料1つひとつについて、症状を治療するための具体的な使い方が詳しく書かれており、発刊以来、参照資料として活用されました。ロンドンのスピタルフィールズで医師をしていたカルペパーは、占星術と薬学の知識を融合して患者の治療を行っており、当時は急進的な人物と見られていました。

家庭薬
天然のヒーリング効果を持つティザンは、一般的な症状に効く便利な家庭薬です。

ティザンとは　133

風邪に効く
ラベンダー・ハイビスカス・ローズヒップの組み合わせは、ビタミンCが豊富で、風邪の症状の緩和に効きます。

根

根は植物の生命線であり、土壌から栄養分を引き込み、葉や花へと運びます。繊維質で厚みがある根は、強力な有機化合物を含む、きわめて優秀なティザンの材料です。

根そのものに有機体・微生物・栄養分を育む微細な環境が整っており、それが効能の源です。適度な気温の下で育つと、植物の代謝が下がる冬の間に、根が土壌から栄養分を吸収して蓄えます。根の収穫のベストタイミングは、植物が目を覚ます春の乾いた日。厚すぎたり柔らかすぎたりしなければ吊るして干し、そうでなければ食品用の乾燥機でゆっくりと乾燥させます。乾燥済みの根も簡単に手に入ります。

<u>焙煎・乾燥済みの根は、カフェインレスティーの代わりになります。</u>

バードックルート
（学名 *Arctium*）

服に引っ付くイガイガした実がなる植物の根（＝ゴボウ）。ゴボウの主根は最大で60cmにもなります。結腸内の細菌の調子を整える化合物イヌリンを含みます。古くからニキビや関節痛の緩和に使われ、強い利尿作用・血液浄化作用があります。デトックス系のティザンでよく使われ、肝臓の浄化にも効果があります。

リコリス
（学名 *Glycyrrhiza glabra*）

ティザンの甘味料になる繊維質の根。喉や肺の粘膜の炎症を和らげて呼吸器系の調子を改善し、風邪の症状を和らげます。同様に胃腸の症状にも効きます。デトックス飲料や、気分を高める強壮剤としても使われます。

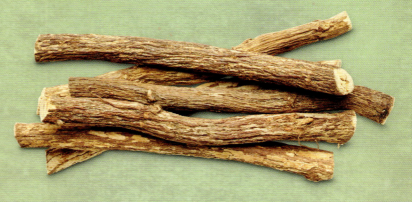

チコリ
（学名 *Cichorium intybus*）

かわいらしい青い花が目印の野生の植物から採れる根。ティザンでは定番の材料で、バードックルート（左ページ）と同様、体内の善玉菌に強力に作用するイヌリンを含みます。排毒作用があり、免疫系の強化にも役立つほか、抗炎症作用で関節炎を和らげます。鎮静作用もあり、眠りを助けるティザンによく使われます。

タンポポの根
（学名 *Taraxacum officinale*）

繁殖力が旺盛な侵略種としてよく知られるタンポポは、ティザンのミックスドリンクの定番材料。抗炎症作用があり、痛みや腫れの緩和に効きます。また、消化を助けるほか、腸内の善玉菌も増やします。

ショウガ
（学名 *Zingiber officinale*）

料理用のスパイスとして広く使われているショウガは、ハーブ系飲料でも人気の材料。抗炎症作用・排毒作用があるほか、テルペンとジンジャーオイルを含み、血行促進とリンパ系の浄化に作用します。そのため根ショウガは、消化器系の不調、吐き気、風邪・インフルエンザの諸症状の緩和に使われます。

樹皮

根と同じく樹皮にも、植物の隅々に栄養分を届ける働きがあります。あまり活用されることのない木の部位ですが、ティザンでは人気材料になりつつあります。どの樹皮にも独特の香りや効能があるのです。

木の構造を支持するのは幹の最深部ですが、木の生命活動を支えるのは樹皮の内側の層です。樹皮は栄養を行き渡らせ、命を維持しているのです。採取方法を間違えると木に取り返しのつかないダメージを与えてしまうので、自分で採集するのはお勧めしません。人工林から採れた樹皮を買うのが一番です。樹皮だけを使うにしても、ほかのハーブと混ぜるにしても、まずは樹皮の「煎剤」（P.145を参照）を用意します。ブレンドする場合は、沸騰した湯でハーブを5分以上煮出してから、樹皮の煎剤を足しましょう。

ワイルドチェリー
（学名 *Prunus avium*）

ワイルドチェリー（チョークチェリー）の樹皮は、咳の症状を和らげることから、咳止めの市販薬で広く使用されています。また、感染症由来の炎症の緩和に効果のあるプルナシンも含まれます。渋みがあり、苦みが出ることもあるため、おいしいハーブやフルーツと混ぜるのがベストです。

シナモン
（学名 *Cinnamomum verum*）

シナモンには、風邪・インフルエンザの諸症状の緩和に役立つ抗酸化作用のほか、腹部のガスを抑えて食欲を刺激し、消化を助ける抗菌作用もあります。大量に摂ると肝臓に害がある、天然の甘み成分クマリンを含むので、シナモンの摂取は控えめに。シナモンにはカシアとセイロンの2種類があります。クマリン含有量が少ないスリランカ産のセイロンシナモンのほうが優秀とされ、ティザン向きです。

ウィローバーク
(学名 *Salix alba*)

最も長い歴史を持つ鎮痛薬の1つで、体内でサリチル酸に変換されて痛みを和らげるサリシンが含まれています。サリチル酸は、古典的な鎮痛剤のアスピリンに用いられる物質です。ウィローバークのティザンには抗炎症作用があり、風邪・インフルエンザの諸症状、頭痛、痛み、熱の緩和に効果があります。

樹皮は絶好の風邪薬。不快感を和らげ、痛みを緩和するほか、抗酸化作用も発揮します。

スリッパリーエルム
(学名 *Ulmus fulva*)

スリッパリーエルム（アカニレ）の樹皮の内側のねばねばとした粘液には、不快感を和らげる効果があります。口、喉、胃、腸の組織を覆ってリラックスさせ、炎症を抑えます。

花

生や乾燥させた花や花弁は、色や香味付けによく使われます。花の多くは、抗炎症作用や排毒作用も持つことから、見た目の美しさだけに留まらない大きなメリットをもたらしてくれます。

カモミール
（学名 *Matricaria chamomilla*）

背が低く、ヒナギクに似た花を咲かせるカモミールは、砂利道でも繁殖し、舗装路のひび割れからも生えてきます。適度な鎮静作用で不眠症や不安感の緩和に効くほか、免疫力アップやリラックス効果もあります。パイナップルのような心地良い香りが心を落ち着けてくれます。

カモミール

エルダーフラワー
（学名 *Sambucus nigra*）

エルダーという木に傘のように密集して咲く白い花で、5月に開花します。抗炎症作用があるため、乾燥させたエルダーフラワーを煮出して飲めば、毒素が排出され、風邪・インフルエンザの諸症状への抵抗力が養われます。芳醇な香りと甘みで、おいしいティザンを作れます。

ハイビスカス
（学名 *Hibiscus sabdariffa*）

真紅の色合いと酸味が特徴の、ティザンの定番材料。赤や紫のフルーツや野菜の色素となる有機化合物のアントシアニンを含みます。高血圧の緩和や適度なコレステロール値の維持への効果を指摘する研究結果も出ています。また、抗炎症作用のあるケルセチンを含み、消化器系の調子を整え、関節炎の症状を緩和します。

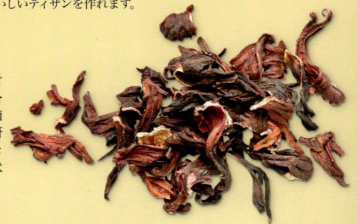

ラベンダー
（学名 *Lavandula angustifolia* または*Lavandula officinalis*）

リラックス効果のある特徴的な香りが持ち味。レモンバームとブレンドしたホットのティザンは、頭痛の緩和に効きます。不眠症、熱、不安感、ストレス、風邪・インフルエンザの諸症状、消化器系の不調に効く定番の材料です。

ラベンダー

レッドクローバー
（学名 *Trifolium pratense*）

樹液のような甘さを持つ花。エストロゲンのような性質を持つ水溶性の化合物イソフラボンを含み、更年期障害の症状の緩和に効果が期待できます。また、悪玉コレステロール値（LDL）を下げ、善玉コレステロール値（HDL）を上げるため、心臓の調子の改善にも効果があるとされます。

ライムフラワー
（学名 *Tilia vulgaris*）

リンデンという木の花。別名リンデンフラワー。アレルギー症状の軽減によく使われる抗ヒスタミン成分を含むほか、ケルセチンによって、DNAを傷つけるフリーラジカル（活性酸素など）を不活性化させる強力な抗酸化作用と抗炎症作用を発揮します。咳や風邪・インフルエンザの諸症状を軽減する民間薬として使われてきました。芳醇な香りがあり、ティザンに甘みと花の香味を付けられます。

葉

ハーブ系の葉には糖類・タンパク質・酵素という強力な3種の成分が含まれ、そのどれもが健康増進に作用します。さらに、その香味や香りは、リラックスや気力アップといった多彩な効果を発揮。ティザンで使われる葉の種類が多岐にわたるのも納得です。

レモンバーム
（学名 *Melissa officinalis*）

ミントの仲間のレモンバームには、その名のとおりレモンのような香りと味があります。不安感や焦燥感を和らげるほか、風邪・インフルエンザの諸症状に作用します。

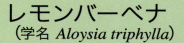

レモンバーベナ
（学名 *Aloysia triphylla*）

別名バーベイン。レモン香を放つ強力なオイルを含み、熱や風邪の症状の軽減、神経の鎮静、消化促進に効果があるとされます。

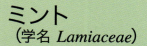

ミント
（学名 *Lamiaceae*）

ミントの葉（ペパーミントやスペアミントなど）は、頭痛の緩和や消化の促進に何百年も使われてきました。胃食道逆流症（逆流性食道炎）持ちの方は、症状が悪化するおそれがあるので摂取しないこと。

マルベリーリーフ
（学名 *Morus nigra*）

桑の葉のこと。日本のティザンでよく使われます。驚くほど甘く、咳、風邪・インフルエンザの諸症状、熱、喉の痛み、頭痛などの数々の症状の緩和に効きます。

ルイボス
（学名 *Aspalathus linearis*）

別名レッドブッシュ。酸化発酵させたルイボスで作るティザンは、一般的にカフェインレス飲料として紅茶の代わりに飲まれます。非発酵のタイプもあります。中性的な香味で、ブレンドのベースとして活躍し、フルーツやスパイスなどとの相性がばっちり。抗酸化作用があり、不眠症、消化、血行に効きます。南アフリカの西ケープ州でしか育ちません。

トゥルシー
（学名 *Ocimum tenuiflorum*）

インド原産。別名ホーリーバジル。強力な抗酸化作用を持ち、甘い香味と芳醇な香りが特徴です。頭痛、風邪・インフルエンザの諸症状、不安感などの緩和や、集中力と記憶力の向上に使われてきました。トゥルシーは有害なクロムを土壌から吸収することがあるので、なるべく有機栽培のものを買いましょう。

バジル
（学名 *Ocimum basilicum*）

料理の定番材料として以上の価値があります。強力な抗炎症作用を持ち、抗酸化物質を豊富に含むほか、風邪・インフルエンザの諸症状の緩和に効きます。リコリスのような甘さとスパイシーな香味を持ち合わせており、ハーブブレンドに一風変わった味をもたらします。

イェルバ・マテ
（学名 *Ilex paraguariensis*）

ブラジルとアルゼンチンが主な産地。常緑樹のイェルバ・マテはカフェインが豊富で、タバコや緑茶の香味がかすかに感じられます。気力や気分を高めてくれます。

ひょうたんとボンビーリャ
昔からマテ茶は、ひょうたんをくり抜いた茶器で淹れ、ボンビーリャというストローで飲みます。

果実と種子

ビタミンやミネラルがたっぷりと含まれた果実と種子には、強力な健康増進作用があります。ティザンの効能と味の両方を高めてくれます。

ブルーベリー
（学名 *Vaccinium cyanococcus*、
具体的にはワイルドブルーベリー、
学名 *Vaccinium angustifolium*）

その濃い青紫色から、細胞や心臓の調子を整え、認知機能にも効く抗酸化物質アントシアニンを含むことがわかります。目の健康に効くカロテノイド・ルテインも含みます。

ブルーベリー

エルダーベリー
（学名 *Sambucus nigra*）

エルダーフラワー（P.138を参照）と同じ木から採れる濃い藍色のベリー。強力な抗酸化作用のあるアントシアニンや、免疫力を高めるケルセチンを含みます。古くから、咳や風邪の緩和に用いられていますが、目や心臓の調子にも効きます。緑色や熟しきっていないベリーと茎には毒性があるため、摘み取るのは濃い藍色の完熟のベリーだけ。乾燥（脱水）すればティザンに使えます。

シトラスピール

柑橘類をすりおろした生や乾燥のシトラスピールは、ティザンの材料になります。主に消化器系と呼吸器系に作用し、喉の痛み、インフルエンザの諸症状、関節炎を和らげます。皮の表面や内部に有害物質が残りやすいため、無農薬で有機栽培されたノーワックスのものを選びましょう。

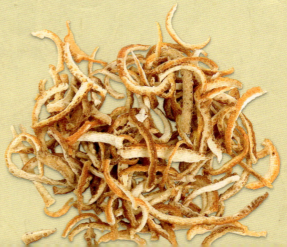

果実と種子　143

ローズヒップ
（学名 *Rosa canina*）

どの地域の生け垣にも見つかる植物。野生のバラから採取したものが最高級品ですが、同等の品種も数多く存在します。ほとんどの健康食品店やティーショップに置いてあるはず。ビタミンC、抗酸化物質、カロテノイドが非常に豊富で、風邪・インフルエンザの諸症状、頭痛、消化不良を緩和するとされます。抗酸化物質とバイオフラボノイドの含有量が多いので肌の栄養にもなるほか、抗炎症作用を持ち、関節の腫れの緩和にも効きます。

カルダモン
（学名 *Elettaria cardamomum*）

東南アジア原産で、草丈は最大3mに成長します。ティザンには、実に含まれる小さな黒い種子をつぶして使います。消化を促進し、風邪・インフルエンザの諸症状の緩和に効き、天然の利尿薬や抗酸化物質として働くほか、排毒作用や抗炎作用もあります。

フェンネル
（学名 *Foeniculum vulgare*）

リコリスの風味があります。主な効能に消化促進作用があるので、食後のティザンにうってつけ。フェンネルの種には、免疫力を高めるフラボノイド系抗酸化物質ケルセチンが含まれます。ケルセチンの抗炎症作用は、関節炎の症状の緩和に効きます。

フェンネル

ティザンの材料を用意する

ティザンの魅力の1つは、作る過程にあります。自宅でティザンを手作りすれば、さまざまな材料の特徴や乾燥・保存の方法を学ぶことなどから、多くのことが得られるでしょう。

材料を見つける

健康食品を扱う店やネットショップなら、ハーブ、スパイス、フルーツなどのお目当ての材料は何でも見つかるでしょう。ローズマリー、ミント、セージ、タイムといった多くのハーブは、自宅の庭で育てることもできます。また、ショウガ、クローブ、シナモンなどのその他の材料は、キッチンの常備品です。自分で材料を採集するときは注意が必要です。道端の植物を採るのは避けましょう。排気ガスにさらされているので、健康を害するリスクがあります。化学肥料や農薬が使われた場所も避けてください。根を採るときは、周囲の植物を傷つけないように注意しましょう。また花屋の花は、一般的に殺虫剤が頻繁にスプレーされているので、ティザンとして絶対に使わないこと。もちろん、既製品のティザンも広く売られています。たいていのティーショップなら、個々の気分に合ったさまざまな香味や香りの商品が並んでいます。ほとんどのスーパーでも、風邪への抵抗力向上に効く免疫力強化ブレンドをはじめ、一通りのティザンが手に入ります。

抗炎症作用
ショウガ、ターメリック(ウコン)、レモンを合わせれば、抗炎症作用で関節痛が和らぎます。

家庭栽培
カモミールとレモンバームは、身体の鎮静化と気分の高揚が期待できる人気のコンビ。どちらも簡単に栽培できます。

セージ
セージのティザンは、リラックスを促し、不安感や抑うつ感の緩和に効果があるとされます。

ティザンの材料を用意する　145

乾燥によって凝縮された良質なオイル成分は、熱湯に浸したときに放たれます。

空気乾燥
ミントなどのハーブは、香味と色味が保たれる、室内での空気乾燥が最適。乾燥した暖かい場所に置くのが理想的です。

材料の準備

　フルーツは生で使うのが一番。植物は生でも使えますが、乾燥させたもののほうが香味や香りが強くなります。これは、乾燥によってオイルなどの成分が凝縮されるため。これらの成分は、熱湯で戻すときに抽出されやすいのです。生のハーブを使う場合は、乾燥ハーブの3倍の量を使って淹れましょう。
　ティザンを淹れるときは、乾燥ハーブを細かく砕き、各ハーブにつき1カップあたり小さじ1を計ります。沸騰したての湯に浸して、約5分蒸らしましょう。お茶と違って、タイプごとに抽出時間を変える必要はありません。ハーブは、酸化発酵していないうえに乾燥以外の加工もないので、扱いにデリケートさは求められないのです。

煎剤

　根と茎の場合は、沸騰した湯に入れて風味や養分を煮出す必要があります。こうして作ったものを「煎剤」と呼びます。材料を5〜10分煮たら抽出液をこし、冷ましてから飲みます。
　ハーブを煮出すときは、必ずステンレスまたはガラスの鍋を使うこと。アルミ、鉄、銅の調理器具は、化学反応によって材料のエキスや機能に悪影響が及んでしまいます。

乾燥と保存

　屋外で採集した材料を使う場合は、すぐに冷たい流水で洗い、キッチンタオルで軽く叩いて水分を拭き取ります。その後、植物やハーブをベーキングシートに並べるか、かごに入れ、薄い布または清潔なキッチンタオルを被せて、湿気のない暖かい場所で乾燥させます。湿度にもよりますが、乾燥には数日かかります。乾燥は、温度を極力下げたオーブンや食品用の乾燥機でもOK。ただし、電子レンジは避けましょう。材料が焦げたり、急速な加熱によって植物中のアロマオイルが傷ついたりするおそれがあります。
　採集して乾燥したハーブやショップで購入したハーブは、ガラス、陶器、ステンレスなどの密閉容器に入れ、熱源や、相性の悪い臭いの元から離して保存しましょう。

ティザンの健康増進作用

ティザンは、さまざまな効能で症状を緩和・軽減する万能の健康増進剤ともいえます。口に含むよりも前に症状の緩和や気力の高揚をもたらすのは、香りが嗅覚に作用して明るい気持ちを引き出してくれるから。香りと抽出液の総合的な働きで、心身を落ち着けてくれるのです。

　ここでは、カモミール、ラベンダー、レモンバーベナ、ミントといった材料を含むティザンの、伝統的な用途を紹介します。ただし、一部のハーブは通常の医薬品と干渉したりアレルギー症状を悪化させたりするおそれがあるので、ティザンを試す前に医療機関に確認を取ってください。また妊娠中や授乳期間中は、ハーブ系のティザンを試す前に医師に確認してください。

排毒

排毒（デトックス）に役立つのは、肝臓を浄化し、有害な物質や重金属（鉛、カドミウム、水銀など）を追い出してくれるハーブです。これは「キレート作用」とも呼ばれます。キレート作用のある材料は、重金属と結合し、消化管を通って体内から重金属を取り除いてくれます。定番のデトックスブレンドには、ショウガ、タンポポの根、バードックルート、リコリスが含まれます。

美容

肌・爪・髪の調子を整えるティザンは、一般的に「美容ブレンド」と呼ばれ、血行促進や肌のハリに効きます。ローズペタルは、肌を生き生きとさせるほか、血行にも作用します。竹の葉に含まれる植物性ケイ素は、肌・爪・髪の調子を改善するとされ、カモミール、ライムフラワー、レモンバーベナは、肌の全般的な調子や状態を向上させるといわれます。

風邪

いわゆる風邪薬系のティザンは、抗酸化物質とビタミンCを豊富に含み、喉の痛みの緩和効果や、熱などの風邪の症状に効く解熱作用があります。薬のような強烈な味を想像するかもしれませんが、一般的な風邪の症状を和らげる効能があるのは、エルダーフラワー、リコリス、シナモン、ショウガ、ローズヒップ、ローズマリー、レモンバーベナといった芳しい香りを持った材料です。

<u>デトックス系のティザンは、体内の毒素の排出を助けます。</u>

ティザンの健康増進作用　147

リラックス

リラックス系のティザンは、香り高いものばかりです。これは、ストレス、不安感、不眠症の緩和では、香りが大きな役割を果たすため。適度な鎮静作用を発揮するティザンもあれば、心身を和ませてくれるものもあります。リラックスブレンドの定番材料は、カモミール、ラベンダー、レモンバーベナ、バジルなどです。

消化

ショウガ、リコリス、ワイルドチェリー、シナモン、ハイビスカス、カルダモン、フェンネルは、どれも消化器官の調子に効く材料。消化機能に良いブレンドの多くは、口当たりがなめらかで、不快感を和らげてくれます。いつ飲んでも効果はありますが、食後にいただくのが一番でしょう。

関節

抗炎症作用のある材料は、関節炎などの関節系の症状の緩和に効果的。フラボノイドの一種のケルセチンは、クランベリーやブルーベリーなどの濃い色のフルーツに含まれます。ショウガやターメリックにも抗炎症作用があり、関節炎や関節痛の症状の緩和に寄与することもあります。

古代エジプトでは、効能を目当てにティザンが飲まれていました。

ローズヒップ
ローズヒップの抽出液は、一般的な風邪への抵抗力を養います。ハチミツをひとさじ加えれば酸味が和らぎます。

ラベンダー
就寝前にラベンダーのティザンを飲めば、安らかな眠りに導いてくれるでしょう。

カモミール
免疫力を高めるカモミールは、相性の良いレモンなどの柑橘系と合わせれば、飲み口の軽い、爽やかなドリンクに仕上がります。

効能表

植物には数多くの薬効があり、さまざまな症状の緩和に役立ちます。この表では、緩和できる症状ごとに材料を並べました。ティザンを淹れるときの参考にしてみてください。

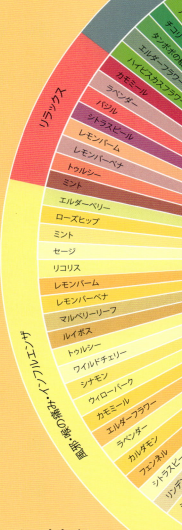

ハイビスカス＋ローズヒップ
ハイビスカスは、高血圧の緩和や適度なコレステロール値の維持に効きます。ビタミンC、抗酸化物質、カロテノイドが豊富なローズヒップは、風邪・インフルエンザの諸症状の緩和に効果的です。

バードックルート＋タンポポの根
バードックは血液の浄化に役立つほか、関節痛の緩和にも使われます。タンポポの根には、抗炎症作用、痛みや腫れの緩和効果、排毒作用があります。

効能表　149

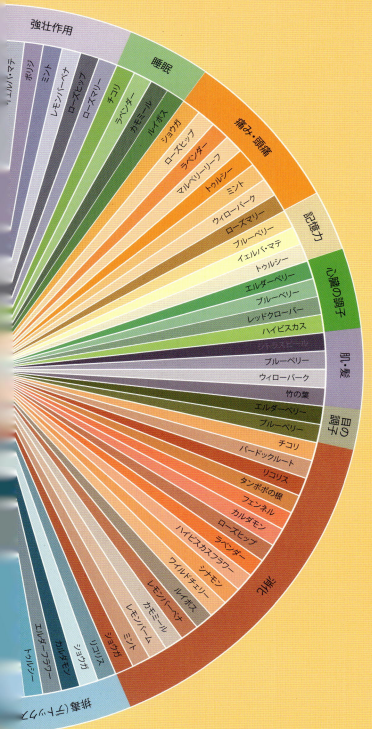

ルイボス
ルイボスの抽出液は、不眠症の緩和、消化促進、風邪・インフルエンザの諸症状の緩和に効果があります。

カモミール＋ラベンダー
カモミールとラベンダーは、どちらも芳醇な香りが特徴の、心の健康に良い材料です。そのため、2つともリラックス系のティザンによく使われます。

レシピ

シトラス・ジャスミン　4人分

 湯温 80℃　　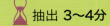 抽出 3～4分　　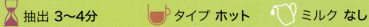 タイプ ホット　　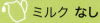 ミルク なし

ジャスミンティーは、ジャスミンが開花する夜に作るのが古くからの伝統。緑茶と花びらをよく混ぜ、花を取り除いて茶葉を火にかける作業を、毎晩繰り返すことで完成します。このレシピではフィンガーライムで刺激を足しました。

茉莉龍珠の茶葉…大さじ山盛り1
フィンガーライムの果肉…1個分（または普通のライムのピールか薄いスライス…1/2個分＋飾り用のスライス）
80℃の湯…900ml
飾り用のライム、レモン、オレンジのゼスト…各小さじ1（なくてもOK）

1　ティーポットに茶葉を入れ、フィンガーライムを加えます。飾り用に小さじ1の果肉をとっておきます。

2　湯を加え、茶葉が開き始めるまで3～4分浸します。

出し方：お好みでフィンガーライムの果肉（ライムを使った場合はスライス）を添えて、ホットで出しましょう。代わりに柑橘系のゼストを添えるのもグッド。

繊細　爽快　かぐわしい

ジェイド・オーチャード　4人分

 湯温 80℃　　 抽出 2分　　 タイプ ホット　　 ミルク なし

中国緑茶の碧螺春（へきらしゅん）には、炭火での釜炒りによって心地良い焙煎の香りが宿っています。ゴジベリー（クコの実）でほんのりと酸味を足して、洋梨のやさしい甘さでバランスをとります。

洋梨…1個（芯を除き、さいの目切り。＋薄いスライス4切れ（飾り用））
ドライのゴジベリー…大さじ1
沸騰したての湯…200ml
80℃の湯…750ml
雲南碧螺春の茶葉…大さじ2

1　ティーポットに洋梨とゴジベリーを入れ、沸騰したての湯を注いで浸しておきます。

2　その間に、別のティーポットに茶葉を入れ、80℃の湯を注いで2分浸します。

3　お茶をこして、1のティーポットに注ぎます。

出し方：こしながらカップに注ぎ、洋梨のスライスを添えてホットで出しましょう。

ジェイド・オーチャード
甘み・酸味・スモーキーな香りが同時に押し寄せます。飲み始めたら止まりません。

レモン龍井茶　4人分

 湯温 80℃　　 抽出 2分　　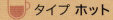 タイプ ホット　　 ミルク なし

標準グレードの龍井茶を使いましょう。細かな香味が消えてしまうので高級品は向きません。ローストしたクルミでお茶の釜炒りの香味を引き出し、レモンマートルで焙煎香を抑えて甘みを付けます。

ドライのレモンマートル…小さじ1 1/4
砕いたローストクルミ…小さじ1 1/2
沸騰したての湯…240ml
80℃の湯…800ml
龍井茶の茶葉…大さじ4

1　ティーポットにレモンマートルとクルミを入れ、沸騰したての湯を注いで浸しておきます。

2　別のティーポットに茶葉を入れ、80℃の湯を注いで2分浸します。

3　お茶をこして、1のティーポットに注ぎます。

出し方：こしながらカップに注ぎ、ホットで出しましょう。

モロッコ式ミントティー　4人分

 湯温 90℃　　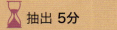 抽出 5分　　 タイプ ホット　　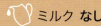 ミルク なし

モロッコ式ミントティーの主役は、長く浸して濃厚でスモーキーなフレーバーを出したガンパウダー緑茶。客人を迎える家の男性が淹れるのが古くからの習わしで、モロッコの家や店のおもてなしの象徴です。

ガンパウダー緑茶の茶葉…小さじ4
ミントの葉…6枝分（大きめ）
＋飾り用に4枝分
90℃の湯…900ml
グラニュー糖…大さじ5

1　ティーポットに茶葉とミントの葉を入れ、90℃の湯を注いで5分浸します。

2　1をこして小鍋に移し、グラニュー糖を加えます。中火にかけ、混ぜながらふつふつと煮立たせます。火から下ろし、ティーポットに戻します。

出し方：30cmの高さからカップに注ぎ、表面を泡立たせます。ミントの枝を1本ずつ添えて、ホットで出しましょう。

香ばしい ミント 甘い

はちみつレモン抹茶 2人分

湯温 80℃　抽出 なし　タイプ アイス　ミルク なし

新緑のように鮮やかな色合いのアイスの抹茶ドリンク。高級品よりもお手頃な製菓用の抹茶でOKです。ハチミツで甘さを足し、レモンジュースで明るい香味に仕上げました。

ハチミツ…小さじ5
レモンジュース…大さじ1
レモンゼスト…少々
80℃の湯…500ml
抹茶…小さじ1 1/2
角氷…適量

1　ハチミツ、レモンジュース、レモンゼスト、湯（250ml）をジャグに入れます。

2　抹茶をボウルに入れ、残りの湯を少々注ぎます。泡立て器で「W」を書くように混ぜ、サラッとしたペースト状にします。残りの湯をすべて加え、表面が泡立つまで泡立て器で混ぜます。

出し方：抹茶をジャグに移して混ぜたら、角氷で満たしたタンブラーグラスに注いで出しましょう。

柑橘の酸味　甘い　元気がみなぎる

ピリッとアイス煎茶 2人分

湯温 80℃　抽出 1分　タイプ アイス　ミルク なし

日本茶にタイムを加えてスパイシーな香味を付けた、アイスの煎茶ドリンクです。さらにショウガで辛味を足し、ほのかな甘みを出しました。

すりおろしショウガ…大さじ2
タイム…4枝
煎茶の茶葉…大さじ2
80℃の湯…500ml
角氷…適量

特別に用意する道具：
ペストルまたは乳棒

1　ショウガとタイムを半量ずつ2つのタンブラーグラスに入れ、ペストルか乳棒でつぶして汁を出します。

2　ティーポットに茶葉を入れ、80℃の湯を注いで1分浸します。

3　お茶をこしてタンブラーグラスに均等に注ぎます。冷めたら、角氷を入れて出しましょう。

コツ：濃いめにしたい場合は、製氷皿で煎茶（分量外）を凍らせて煎茶の氷を作っておき、普通の氷の代わりに使ってください。

アイス龍井茶　2人分

 湯温 80℃　　 抽出 1分　　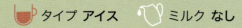 タイプ アイス　　ミルク なし

東南アジア原産のトゲトゲした赤い果物のランブータンは、厚い皮をむくとライチのような白い果実が現れます。ライチほど甘くはありませんが、龍井茶の香ばしさやナッツの香味を和らげるには十分です。

生または缶詰めのランブータン…12個
（皮をむいてスライス）
沸騰したての湯…120ml
80℃の湯…400ml
龍井茶の茶葉…大さじ5
角氷…適量

特別に用意する道具：
ペストルまたは乳棒

1　飾り用のランブータンを少量とっておき、残りをペストルか乳棒でつぶして汁を出します。

2　ティーポットに1の果肉を入れ、沸騰したての湯を注いで4分浸します。抽出液をこし、冷めたらタンブラーグラスに注ぎます。

3　別のティーポットに茶葉を入れ、80℃の湯を注いで1分浸します。冷めたらタンブラーグラスに注ぎます。

出し方：角氷を加え、残しておいたランブータンを飾り付けましょう。

キンモクセイ緑茶　2人分

 湯温 80℃　　 抽出 1分半　　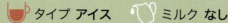 タイプ アイス　　ミルク なし

小さいながらも、豊かな甘いバニラの香りを放つキンモクセイの黄色い花びらは、野菜系の香味の緑茶と見事に調和します。フルーツで親しみやすい甘さを足しました。

レンブまたは洋梨…1個（芯を抜き、薄くスライス）
沸騰したての湯…250ml
80℃の湯…250ml
雲南碧螺春の茶葉…小さじ2
ドライのキンモクセイ…小さじ1/2
角氷…適量

1　飾り用のレンブを2切れとっておき、残りをティーポットに入れ、沸騰したての湯を注いで浸しておきます。

2　茶葉とキンモクセイを別のティーポットに入れ、80℃の湯を注いで1分半浸します。

3　2をこして1のティーポットに注ぎ、3分浸します。その後、こしながらタンブラーグラスに注ぎ、冷めるまで待ちます。

出し方：角氷を加え、レンブを飾り付けて出しましょう。

クリーミー　甘い　かぐわしい

抹茶ラテ 2人分

 湯温 80℃　　 抽出 なし　　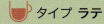 タイプ ラテ　　 ミルク アーモンドミルク

苦みを一切感じさせない至福のクリーミーティー。もこもこに泡立てた抹茶の薄緑の色味が美しい、チョコをたっぷり使ったお手軽ラテです。

甘味料入りのプレーンのアーモンドミルク…350ml
ホワイトチョコレート…15g
抹茶…小さじ2＋少々（飾り用）
80℃の湯…120ml

特別に用意する道具：ハンドミキサー

1　アーモンドミルクとチョコレートを小鍋に入れて中火にかけ、常に混ぜながら温めます。ふつふつと煮立ってクリーミーになったら、火から下ろしておきます。

2　ボウルに抹茶を入れて湯を加え、サラッとしたペースト状になるまでハンドミキサーで混ぜます。1を加えてハンドミキサーですばやく混ぜ、ふわふわになったらカップに注ぎます。

出し方：ひとつまみの抹茶をまぶして、ホットで出しましょう。

バーベナ緑茶ラテ 2人分

 湯温 80℃　　 抽出 1分半　　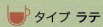 タイプ ラテ　　 ミルク ライスミルク

ガンパウダーは、ほかのフレーバーを重ねやすい緑茶です。抽出時間を短くすれば、あっさりとした草の香味に仕上がります。酸味よりも甘みの強いレモンバーベナを加えた、低脂肪のラテメニューです。

甘味料入りのライスミルク…350ml
ドライのレモンバーベナ…小さじ2
ガンパウダー緑茶の茶葉…大さじ2
80℃の湯…120ml

特別に用意する道具：ハンドミキサー

1　ライスミルクとレモンバーベナを小鍋に入れて中火にかけます。ふつふつと煮立ってきたら火から下ろし、4分浸しておきます。

2　ティーポットに茶葉を入れ、80℃の湯を注いで1分半浸したら、お茶をこして大きめのボウルに移します。茶葉は捨てます。

3　1をボウルに注ぎ、ハンドミキサーで泡立てます。

出し方：2つのカプチーノカップかマグに注ぎ、ホットで出しましょう。

グリーン・ハーモニー・フラッペ 2人分

 湯温 80℃　 抽出 4分　 タイプ フラッペ　ミルク アーモンドミルク

レモングラスの柑橘の香味で、ガンパウダー緑茶の野菜や草系の味を明るく彩ります。メロンで甘みを出し、アーモンドミルクを加えて心躍るふわふわのフラッペに仕上げましょう。

ちぎった生レモングラス…小さじ3
ガンパウダー緑茶の茶葉…小さじ2
80℃の湯…150ml
小ぶりのハネデューメロン…1/4（さいの目切り）＋メロンボール（飾り用）
甘味料入りのアーモンドミルク…150ml
砕いた角氷…適量

特別に用意する道具：ミキサー

1　ティーポットにレモングラスと茶葉を入れ、80℃の湯を注いで4分浸します。

2　お茶をこしてジャグに注ぎ、室温になるまで冷まします。

3　ミキサーにメロンを入れ、冷ましたお茶とアーモンドミルクを加えます。クリーミーになり、表面が泡立つまで混ぜます。

出し方：砕いた角氷を半分まで入れたタンブラーグラスに注ぎ、メロンボールを飾り付けましょう。

ひんやり クリーミー 爽快

韓国の朝露 2人分

 湯温 80℃　 抽出 5〜6分　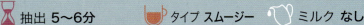 タイプ スムージー　 ミルク なし

韓国の中雀茶（ジュンジャク）を通常より少し長く浸して濃いめに淹れましょう。ほかの材料とブレンドすれば、芳醇な香りとユニークな香味が生まれます。かき氷にフルーツをトッピングした韓国の夏のデザート「パッピンス」を思わせるメニューです。

中雀茶の茶葉…小さじ2
80℃の湯…175ml
甘いアロエジュース…240ml
洋梨…1個（芯を除き、薄くスライス）
角氷…適量（細かく砕く）

特別に用意する道具：ミキサー

1　ティーポットに茶葉を入れ、80℃の湯を注いで5〜6分浸します。

2　お茶をこしてジャグに注ぎ、室温になるまで冷まします。

3　冷ましたお茶とアロエジュースをミキサーに注ぎます。洋梨は飾り用に2切れとっておき、残りをミキサーに入れます。なめらかになり、細かく泡立つまで撹拌します。

出し方：氷を半分まで入れたタンブラーグラスに注ぎ、洋梨を飾り付けましょう。

アプリコット・リフレッシュ 2人分

 湯温 80℃　　 抽出 1分　　タイプ スムージー　　ミルク なし

中国緑茶の信陽毛尖の「毛尖」とは、茶葉に含まれている、産毛で覆われた芽のことを指します。甘い野菜のような香味のお茶です。アプリコットを加えて美しく彩り、さらに甘さを出しました。

信陽毛尖の茶葉…小さじ2
80℃の湯…150ml
プレーンヨーグルト…120ml
生または缶詰めのアプリコット…5個
　（種を除き、スライス）
ハチミツ…大さじ2

特別に用意する道具：ミキサー

1. ティーポットに茶葉を入れ、80℃の湯を注いで1分浸します。
2. 茶葉を取り除き、お茶を冷まします。
3. ヨーグルト、アプリコット、ハチミツをミキサーに入れ、冷ましたお茶を加え、クリーミーになるまで撹拌します。

出し方：タンブラーグラスに注いですぐに出しましょう。

ココナッツ抹茶 2人分

 湯温 なし　　 抽出 なし　　タイプ スムージー　　ミルク ココナッツクリーム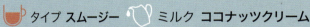

自然の甘さとクリーミーな口当たりを活かしたスムージー。午後に元気を出したいときにピッタリです。健康に良い脂肪酸を含むココナッツクリームと、カリウム・ビタミンK・ビタミンCがたっぷり摂れるアボカドを加えます。

ココナッツフレーク…大さじ8
アボカド…1/2個
抹茶…小さじ1
冷やしたココナッツクリーム…120ml
冷やしたココナッツウォーター…240ml

特別に用意する道具：ミキサー

1. オーブンを180℃に余熱します。ココナッツフレークをベーキングトレイに載せ、4分半（または黄金色になるまで）ローストします。
2. 1のココナッツフレークと残りの材料をミキサーに入れ、クリーミーになるまで撹拌します。

出し方：冷やしたグラスに入れ、ストローを添えて出しましょう。

リトル・グリーン・スネイル
ローズマリーとソジュの香味がしっかりと効いた、
芳醇なティーカクテル。

リトル・グリーン・スネイル 2人分

 湯温 80℃　　 抽出 3.5分　　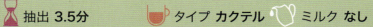 タイプ カクテル　ミルク なし

コメから作る韓国の蒸留酒ソジュで軽くお酒を効かせます。アルコールが強すぎるとお茶が香味負けすることがあるので、アルコール度数20％のものを使いましょう。ローズマリーで香りを一段と高めた、バランスの良いカクテルです。

雲南碧螺春の茶葉…小さじ5
80℃の湯…300ml
荒くちぎったローズマリー…小さじ1/2
飾り用のローズマリー…2枝
ソジュまたはウォッカ…200ml
角氷…適量

特別に用意する道具：
カクテルシェーカー

1. ティーポットに茶葉を入れ、80℃の湯を注いで3分半蒸らします。
2. ちぎったローズマリーをティーポットに加え、さらに30秒浸します。お茶をこしてカクテルシェーカーに注ぎ、冷まします。
3. カクテルシェーカーにソジュと角氷を加え、数秒シェイクします。

出し方：こしながらカクテルグラスに注ぎ、ローズマリーの枝を飾り付けましょう。

ジャスミンの夕べ 2人分

 湯温 80℃　　 抽出 3分　　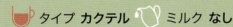 タイプ カクテル　ミルク なし

フローラルな香味が好きな方なら、この芳醇な香りを放つフルーティーなカクテルもきっと気に入るはず。アルコールはお茶の香味をたくさん吸うので、通常より茶葉の量を増やして作ります。

茉莉龍珠（まつりりゅうじゅ）の茶葉…大さじ3
80℃の湯…400ml
かりんシロップ…小さじ2
ホワイトラム…90ml
角氷…適量

特別に用意する道具：
カクテルシェーカー

1. ティーポットに茶葉を入れ、80℃の湯を注いで3分浸します。
2. お茶をこしてカクテルシェーカーに注ぎ、かりんシロップを加え、冷まします。
3. カクテルシェーカーにホワイトラムと角氷を加え、数秒シェイクします。

出し方：こしながらカクテルグラスに注ぎ、すぐに出しましょう。

アイスティー 4人分

アメリカで最も一般的な紅茶の飲み方といえば、甘く仕上げたアイスティー。レストランで「ティー」と注文すれば、背の高いグラスでキンキンに冷えたアイスティーが出されます。ここではシンプルな自家製レシピを紹介します。

国によってはなじみのないアイスティーも、アメリカでの歴史は1世紀以上に及びます。その発明者とされるのは、当時イングランドの紅茶会社に勤めていたリチャード・ブレチンデン。1904年、彼はインド紅茶のプロモーションのために会社の代表としてミズーリ州のセントルイス万博に出展しましたが、耐えがたい暑さに見舞われた会場では、小さなカップに注いだ試飲用のホットの紅茶はあまり関心を集めませんでした。そこで紅茶に氷を入れたところ、爆発的にヒットしたというわけです。

南部の州で人気の甘いアイスティーと、北部で人気の甘くない無糖のアイスティーの2種類があり、どちらもくし型のレモンを加えることがあります。レモン入りのアイスティーは南部の人々のお気に入りのドリンクです。

用意するもの

材料
紅茶の茶葉…小さじ3
沸騰したての湯…500ml
氷…400g
レモンのスライス…2個分（なくてもOK）

冷やしたお茶
アメリカ南部ではなんと1830年代から飲まれています。冷やした緑茶にシャンパンをたらすのが定番でした。

1 ティーポットに茶葉を入れ、沸騰したての湯を注ぎます。15分浸して濃厚な紅茶を淹れます。

2 ストレーナーを使いながら、耐熱性のジャグにゆっくりと紅茶を注ぎます。

アイスティー　163

アメリカで消費される紅茶の8割はアイスティーで飲まれています。

3 まだ熱い紅茶の中に氷を入れ急冷させます。冷蔵庫に入れるとクリーム色に濁るので、蓋付きのジャグで常温で保存します（7〜8時間保存可能）。飲むときにグラスに氷を入れ、お好みでレモンのスライスやシロップを加えて楽しみます。

ひんやり、さっぱり
夏の暑い日におあつらえ向きの元気が出る一杯。温かみのある琥珀色が映える、透明なグラスで飲むのが一番です。

ヘーゼルナッツ・プラム・デライト　4人分

湯温 85℃　　抽出 3分　　タイプ ホット　　ミルク なし

この豊かな味わいのブレンドのベースには、森を思わせる香味のものが適役です。ローストしたヘーゼルナッツで甘く香ばしい味を出し、濃い紫色のすももでピンクの色味を付けます。

ローストヘーゼルナッツ…大さじ4（砕く）
紫色のすもも…4個（スライス）
沸騰したての湯…120ml
85℃の湯…750ml
寿眉茶の茶葉…大さじ7

1　ティーポットにヘーゼルナッツとすももを入れ、沸騰したての湯を注いで浸しておきます。

2　別のティーポットに茶葉を入れ、85℃の湯を注いで3分浸します。

3　お茶をこして1のティーポットに注ぎ、さらに1分浸します。

出し方：こしながらカップに注いで、ホットで出しましょう。

ゴールデン・サマー　4人分

湯温 85℃　　抽出 4分　　タイプ ホット　　ミルク なし

お茶の金色とアプリコットの琥珀色から名前を付けました。フルーツとアーモンドで白牡丹の甘さを引き出した、夏の果樹園をほうふつとさせる香味のドリンクです。

アプリコット…4個（くし型に切る）
ピュアアーモンドエクストラクト…3滴
沸騰したての湯…120ml
85℃の湯…750ml
白牡丹の茶葉…大さじ6

1　ティーポットにアプリコットとピュアアーモンドエクストラクトを入れ、沸騰したての湯を注いで浸しておきます。

2　別のティーポットに茶葉を入れ、85℃の湯を注いで4分浸します。

3　お茶をこして1のティーポットに注ぎ、さらに2分浸します。

出し方：こしながらカップに注いで、ホットで出しましょう。

ローズ・ガーデン 4人分

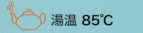 湯温 85℃　　 抽出 4分　　タイプ ホット　　ミルク なし

白牡丹には、その名前とは裏腹に花は含まれていませんが、森やハーブを思わせる美しい香味があります。カルダモンでこの味わいを引き立て、ローズバッドの香りを一段と高めます。

ドライのローズバッド…20個＋4個（飾り用）
砕いたカルダモンシード…小さじ1/2
沸騰したての湯…適量（すすぎ用）
85℃の湯…750ml
白牡丹の茶葉…大さじ7
ハチミツ…適量（なくてもOK）

1　沸騰したての湯でローズバッドとカルダモンシードをすすいでおきます。

2　ティーポットに茶葉を入れ、85℃の湯を注いで4分浸します。

3　お茶をこして別のティーポットに移します。すすいだローズバッドとカルダモンシードを加え、さらに3分浸します。

出し方：こしながらカップに注ぎ、お好みでハチミツを加えます。ローズバッドを飾り付けて出しましょう。

ノーザン・フォレスト 4人分

 湯温 85℃　　 抽出 2分　　 タイプ ホット　　ミルク なし

松を思わせる味の寿眉茶（じゅび）(白茶)に、松ヤニ風味の甘いジュニパーベリーを加えたレシピ。松もジュニパーベリーもよく同じ森に育つので、自然な取り合わせといえるでしょう。寿眉茶の松の香味は、冷やすとより一層強まります。

ローストした松の実…大さじ3
生のジュニパーベリー…6個（ドライの場合は12個）＋数個（飾り用）
沸騰したての湯…120ml
85℃の湯…750ml
寿眉茶の茶葉…大さじ6

1　オーブンを180℃に余熱します。ベーキングトレイに松の実を並べ、3分（または黄金色になるまで）ローストします。その後、砕きます。

2　ティーポットにジュニパーベリーと松の実を入れ、沸騰したての湯を注いで浸しておきます。

3　別のティーポットに茶葉を入れ、85℃の湯を注いで2分浸します。お茶をこして2のティーポットに注ぎ、さらに4分浸します。

出し方：こしながらカップに注ぎ、ジュニパーベリーを数個飾り付けましょう。

白牡丹ポンチ 2人分

 湯温 85℃　 抽出 3分　タイプ アイス　ミルク なし

ヨーロッパで人気の白ワインポンチ「マイワイン」のティーアレンジ。かすかに白ワインが感じられる白ぶどうを使います。スイートウッドラフのピリッとした甘さがアクセントになります。

種なし白ぶどう…18個（半分に切る）
ドライのスイートウッドラフ…小さじ2
沸騰したての湯…120ml
85℃の湯…400ml
白牡丹の茶葉…大さじ4
角氷…適量

特別に用意する道具：
ペストルまたは乳棒

1　白ぶどうの半量をティーポットに入れ、ペストルか乳棒でつぶして汁を出します。残りの白ぶどうとスイートウッドラフを加え、沸騰したての湯を注ぎ、冷まします。

2　別のティーポットに茶葉を入れ、85℃の湯を注いで3分浸します。こしながら2つのタンブラーグラスに注ぎ、冷まします。

出し方：1をこしながらタンブラーグラスに加え、角氷を加えましょう。

さわやか
甘み
スパイシー

フィッグス・オン・ザ・テラス 2人分

 湯温 85℃　 抽出 2分　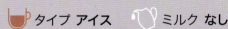タイプ アイス　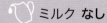ミルク なし

甘いイチジクと香り高いセージを合わせた夏のお茶。まるで目の前にイタリアのキッチンが広がるかのように感じられるはず。かなり強い香りを放つので、セージの扱いには注意してください。

生またはドライのイチジク…2個
　（四つ切り）
生のセージの葉…2枚
　（ドライ[ホール]の場合は小さじ1/4）
沸騰したての湯…100ml
85℃の湯…400ml
寿眉茶の茶葉…大さじ2　角氷…適量

特別に用意する道具：
ペストルまたは乳棒

1　イチジクとセージを半量ずつ2つのタンブラーグラスに入れ、ペストルか乳棒でつぶして汁を出します。沸騰したての湯を注ぎ、冷まします。

2　その間に、ティーポットに茶葉を入れ、85℃の湯を注いで2分浸します。こしながらタンブラーグラスに注ぎ、かき混ぜます。冷めるまで待ちます。

出し方：かき混ぜて、角氷を加えて出しましょう。

フィッグス・オン・ザ・テラス
夏の午後にぴったりの、甘くて
さわやかなアイスティー。

ライチ・ストロベリー・フラッペ 2人分

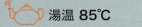 湯温 85℃　　 抽出 4分　　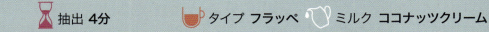 タイプ フラッペ　　ミルク ココナッツクリーム

ひんやりおいしい夏のドリンク。甘いフルーツがお茶の香味をうまく引き出します。お茶はしっかり4分浸して濃いめに淹れましょう。ココナッツクリームを載せてコクをプラスします。

寿眉茶の茶葉…大さ3
85℃の湯…240ml
缶詰のライチ…8個
イチゴ…8個
角氷…5個
ココナッツクリーム…125ml (ホイップ)

特別に用意する道具：ミキサー

1. ティーポットに茶葉を入れ、85℃の湯を注いで4分浸します。お茶をこして、数分間冷まします。
2. 冷ましたお茶をミキサーに注ぎ、ライチとイチゴを加え、なめらかになり、細かく泡立つまで撹拌します。
3. 角氷を加え、角氷がすっかり砕けるまで撹拌します。

出し方：タンブラーグラスに注ぎ、ホイップしたココナッツクリームを載せて出しましょう。

タングルド・ガーデン 2人分

 湯温 90℃　　 抽出 3分　　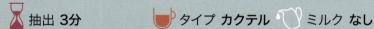 タイプ カクテル　　ミルク なし

香り高いエルダーフラワーと力強い香味の白茶を合わせたカクテル。ウォッカとシェイクして、キンキンに冷やします。少しだけお酒の効いた、とてもユニークな味わいです。

白牡丹の茶葉…大さじ6
90℃の湯…400ml
エルダーフラワーシロップ…小さじ4
ウォッカ…120ml
角氷…適量

特別に用意する道具：
カクテルシェーカー

1. ティーポットに茶葉を入れ、90℃の湯を注いで3分浸します。こしながらカクテルシェーカーに注ぎ、完全に冷めるまで待ちます。
2. エルダーフラワーシロップとウォッカをカクテルシェーカーに加え、いっぱいになるまで角氷を入れたら、30秒すばやくシェイクして混ぜ合わせます。

出し方：こしながらカクテルグラスに注ぎ、すぐに出しましょう。

かぐわしい 甘い 濃厚

ハイ・マウンテン・コンフォート　4人分

 湯温 90℃　　 抽出 2分　　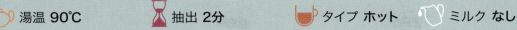 タイプ ホット　　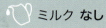 ミルク なし

野生のブラックカラントよりも独特の味わいがある、地中海で採れたドライのブラックカラントがおすすめです。レーズンのような甘さが、弱発酵烏龍茶とよく合います。

ドライのブラックカラント…大さじ4
砕いたローストアーモンド…小さじ1・1/2
沸騰したての湯…300ml
90℃の湯…600ml
台湾高山茶の茶葉…大さじ2

1　ティーポットにブラックカラントとアーモンドを入れ、沸騰したての湯を注いで浸しておきます。

2　茶葉が早く開くように、90℃の熱湯を少量使って茶葉をすすぎます。

3　すすいだ茶葉を別のティーポットに入れ、残りの湯を注いで2分浸します。お茶をこして1のティーポットに注ぎます。

出し方：こしながらカップに注ぎ、ホットで出しましょう。

ロースト感
かぐわしい
甘い

チョコレート・ロック　4人分

 湯温 85℃　　 抽出 4分　　 タイプ ホット　　 ミルク 牛乳（なくてもOK）

ローストクルミ、カカオニブ、烏龍茶が出会って、キャンプファイアのように温かみのあるお茶ができました。牛乳を加えれば、クルミとカカオの香ばしい天然オイルが表面へと浮き上がり、より一層豊かな味に仕上がります。

砕いたカカオニブ（殻は取り除かない）…大さじ4
砕いたローストクルミ…大さじ2
沸騰したての湯…300ml
85℃の湯…600ml
武夷岩茶の茶葉…大さじ4

1　ティーポットにカカオニブとクルミを入れ、沸騰したての湯を注いで浸しておきます。

2　別のティーポットに茶葉を入れ、85℃の湯を注いで4分浸します。

3　お茶をこして1のティーポットに注ぎ、さらに1分浸します。

出し方：こしながらカップに注ぎ、お好みで牛乳を加え、ホットで出しましょう。

ロッキング・チェリー
土・スパイス・フルーツの香味で、武夷岩茶のおいしさが引き立ちます。

烏龍茶　171

ロッキング・チェリー　4人分

 湯温 85℃　　 抽出 4分　　 タイプ ホット　　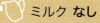 ミルク なし

茶葉を煎って作る武夷岩茶には、土のような深みのある味とほのかな花の香りがあります。サクランボで武夷岩茶本来の味を補い、ナツメグでスパイスの香味を引き出します。

サクランボ…12個（種を除き、半分に切る）
ナツメグパウダー…ひとつまみ＋少々（飾り用）
沸騰したての湯…300ml
85℃の湯…600ml
武夷岩茶の茶葉…大さじ4

特別に用意する道具：
ペストルまたは乳棒

1　ティーポットにサクランボを入れ、ペストルか乳棒でつぶして汁を出します。ナツメグパウダーと沸騰したての湯を加え、浸しておきます。

2　別のティーポットに茶葉を入れ、85℃の湯を注いで4分浸します。

3　お茶をこして1のティーポットに注ぎます。

出し方：こしながらカップに注ぎ、ナツメグパウダーを少量まぶしてホットで出しましょう。

グレープ鉄観音　4人分

 湯温 90℃　　 抽出 3分　　 タイプ ホット　　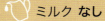 ミルク なし

白ぶどうで味と色を軽やかに仕上げ、辛口白ワインを思わせるフルーティーな甘みを足しました。香り高いの深みのある甘い味が、お茶をしっかりと支えます。

種なし白ぶどう…15個
　（半分に切る）
沸騰したての湯…150ml
90℃の湯…750ml
鉄観音の茶葉…大さじ2

特別に用意する道具：
ペストルまたは乳棒

1　ティーポットに白ぶどうの半分を入れ、ペストルか乳棒でやさしくつぶして果汁を出します。残りの白ぶどうを加え、沸騰したての湯を注いで浸しておきます。

2　別のティーポットに茶葉を入れ、90℃の湯を注いで3分浸します。

3　お茶をこして1のティーポットに注ぎ、さらに3分浸します。

出し方：こしながらカップに注ぎ、ホットで出しましょう。

アイス鉄観音　2人分

湯温 90℃　　抽出 2分　　タイプ アイス　　ミルク なし

弱発酵烏龍茶の鉄観音には、繊細な花の風味と微妙な甘さがあります。酸っぱさを伴うレモンジュースよりも、レモンゼストで香り付けしたほうが効果的。梨のフローラルな香りは鉄観音の芳香との相性が抜群です。

レモンゼスト…小さじ2
和梨または中国梨のスライス…4切れ
鉄観音の茶葉…大さじ山盛り1
90℃の湯…500ml
角氷…適量
レモンの薄いスライス…2切れ（飾り用）

特別に用意する道具：
ペストルまたは乳棒

1. レモンゼストを半量ずつ2つのタンブラーグラスに入れ、ペストルか乳棒でつぶして汁を出します。梨を2切れずつ入れます。
2. ティーポットに茶葉を入れ、90℃の湯を注いで2分浸します。お茶をこしてジャグに注ぎ、冷まします。
3. お茶が冷めたら、1のタンブラーグラスに注ぎます。

出し方：角氷を入れてかき混ぜ、レモンのスライスを飾り付けましょう。

ひんやり武夷岩茶　2人分

湯温 90℃　　抽出 3分　　タイプ アイス　　ミルク なし

武夷岩茶のマイルドな香ばしい香味が、キンカンの酸味とうまく調和します。小さな楕円形をした柑橘類のキンカンは、口に入れたときは酸っぱいのに、後から甘さが来る不思議なフルーツです。

キンカン…2個（横に12枚にスライス）
＋スライス2枚（飾り用）
ナツメグパウダー…小さじ1
沸騰したての湯…150ml
90℃の湯…350ml
武夷岩茶の茶葉…大さじ5
角氷…適量

1. ティーポットにキンカンのスライスとナツメグパウダーを入れ、沸騰したての湯を注いで3分浸します。こして2つのタンブラーグラスに注ぎ、冷まします。
2. 別のティーポットに茶葉を入れ、90℃の湯を注いで3分浸します。お茶をこしてジャグに注ぎ、冷まします。
3. お茶が冷めたら、1のタンブラーグラスに注ぎます。

出し方：角氷を加えてかき混ぜ、キンカンのスライスを飾り付けましょう。

鉄観音ウォッカ　2人分

 湯温 なし　　 抽出 4分〜6時間　　 タイプ カクテル　　 ミルク なし

きつく丸められた鉄観音の茶葉がウォッカの中で開いていく様子を楽しみましょう。アルコールがガツンと効いているので、オレンジを足して味を和らげます。

鉄観音の茶葉…大さじ2
ウォッカ…240ml
オレンジジュース…75ml
オレンジビターズ…小さじ1/2
横にスライスしたオレンジ…2〜3枚
（飾り用）

特別に用意する道具：
カクテルシェーカー

1　抽出中に茶葉が早く開くように、沸騰したての湯で茶葉をすすぎます。

2　400mlサイズの蓋付きのガラスジャグに茶葉を入れ、ウォッカを加えて4〜6時間浸します。抽出液をこしてカクテルシェーカーに注ぎ、オレンジジュースとオレンジビターズを加え、いっぱいになるまで角氷を加えます。数秒はげしくシェイクします。

出し方：こしながらタンブラーグラスに注ぎ、オレンジのスライスを飾り付けましょう。

ロックオン！バーボン　2人分

 湯温 90℃　　 抽出 2分　　 タイプ カクテル　　 ミルク なし

武夷岩茶の土の香味に対抗できるのは、バーボンウイスキーしかありません。バーボンのスモーキーフレーバーと武夷岩茶の香ばしさとを合わせれば、堂々たる香味のカクテルの完成です。

武夷岩茶の茶葉…大さじ5
90℃の湯…300ml
バーボン…90ml
角氷…適量
炭酸水…120ml
レモンの皮…2片（薄く細く削ってひねる）
（飾り用）

特別に用意する道具：
カクテルシェーカー

1　ティーポットに茶葉を入れ、90℃の湯を注いで2分浸します。お茶をこしてカクテルシェーカーに注ぎ、冷まします。

2　カクテルシェーカーにバーボンを注ぎ、いっぱいになるまで角氷を加えたら、30秒シェイクします。

出し方：こしながらカクテルグラスに注ぎ、炭酸水で割り、レモンの皮を飾り付けましょう。

コンブチャ

最近では、古くから伝わるコンブチャを自宅で手作りすることが人気を集めています。コンブチャは、発泡性で微量のアルコールを含む甘酸っぱい飲み物で、すっきりとしたさわやかな味わいです。腸の調子を整える細菌フローラと健康に良い酸を含み、日々の強壮剤として飲むことができます。

コンブチャの起源は、中国の漢朝（紀元前206年～紀元後25年）に求められます。その後、19世紀にモンゴルを経由してロシアへと伝わり、1910年頃、東ヨーロッパにたどり着きました。戦間期のドイツで広まったものの、第二次大戦中に砂糖とお茶が不足し、人気が低迷。再び光が当たったのは1990年代の欧米でのことで、以来、自家製ドリンクとしてポピュラーになりました。

コンブチャは、甘味付けした紅茶や緑茶を、酵母と善玉菌「紅茶キノコ」でできた株（下を参照）で発酵させて作ります。株に含まれる酵母は、砂糖入りのお茶を消費し、副産物として微量のアルコール（1％未満）と二酸化炭素を発生させます。これがコンブチャの炭酸の秘密です。アルコール含有量は非常に微量ですが、子供や妊娠中または授乳期間中の女性にはおすすめしません。

<u>コンブチャの効能を受けるには、小さいグラスで1日に2～3杯飲みましょう。</u>

コンブチャ株

コンブチャの中の生きた菌は、株またはスコビー（「細菌と酵母の共生コロニー」の意）と呼ばれます。株は、リンゴ酢の表面にできるゲル状の酸味成分「種酢」に似ていますが、もっと固形に近い物質です。スライムのような手ざわりでベージュ色をしていて、培養する容器の形に育ちます。発酵によって砂糖入りのお茶を酢酸（酸味のある無色の液体）に変えるには、正しい環境が必要不可欠。コンブチャ株（コンブチャ液）は、化学反応によって株や液体中の菌がダメージを受けてしまうので、いかなる金属にも触れないようにしてください。

アッサム紅茶

作り方

消化を助ける酸や酵素が含まれる微炭酸のコンブチャは、炭酸飲料の代わりになる健康飲料です。清潔な作業場、簡単な道具、材料、それにお茶の発酵を待つ意欲さえあれば、自宅でも簡単に作れます。

1. ナチュラルウォーターを4Lサイズの鍋に入れ、火にかけます。沸騰したら火から下ろし、茶葉を加えて5分浸します。

2. お茶をこして大きいガラスジャーに注ぎ、茶葉を捨てます。砂糖を加えて溶けきるまで混ぜます。容器に緩めに蓋をして、数時間冷まします。

3. お茶が冷めたら、市販のコンブチャを入れ、木のスプーンで混ぜます。手袋をはめてコンブチャ株をジャーに入れます。虫やカビが入らないように、ジャーに布をかぶせて輪ゴムでとめます。

4. ジャーは、日光の当たらない場所に1週間静置します。発酵が進むにつれて株は底に沈み、数日経つと表面に浮かんできます。または、表面に新たな株が育ち、厚みが増していきます。

5. 発酵を終えたら、木のスプーンで少量すくって炭酸と味の具合を確認します。シャンパンのような微炭酸で、リンゴ酢に似た味がするはずです。甘すぎたら、もう少し発酵させます。発酵日数は、味をみながら増減させてください。

6. コンブチャができたら、株を取り出して小さめのガラスジャーに移し、完成したコンブチャの750mlを注ぎ入れて蓋をします。次回作るときまで冷蔵庫で保管しましょう（保存期間は2ヵ月）。

7. 残りは、プラスチックのじょうごを使ってびんに移します。蓋をして静置し、数日間「二次発酵」させて炭酸を増やします。二次発酵を終えたら、冷蔵庫に入れましょう。フレーバーを付ける場合は、びんに移す直前に、搾りたてまたはパックのフルーツジュースを、コンブチャとジュースの割合が5:1になるように加えます。

用意するもの

材料
- ナチュラルウォーター…3.3L
- 紅茶の茶葉…小さじ8
- サトウキビ原料の砂糖…200g
- 発酵のスターターにする無低温殺菌・調味料無添加の市販のコンブチャ…500ml
- コンブチャ株

特別に用意する道具
- 殺菌済みのガラスジャー…4Lサイズと1Lサイズを1つずつ
- ビニール手袋またはゴム手袋…1組
- 目の細かい布…ジャーに蓋ができる大きさのもの
- 輪ゴム
- 殺菌済みのびん…500mlサイズ×6本
- プラスチックのじょうご…1個

塩キャラメル・アッサム　2人分

 湯温 100℃　　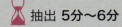 抽出 5分〜6分　　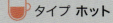 タイプ ホット　　 ミルク ホイップクリーム

塩キャラメルソースは、通常、火を使って作る必要がありますが、このレシピでは裏ワザを使います。燻味塩と砂糖をアッサムの麦芽風味と合わせれば、塩キャラメルソースの甘じょっぱい味の出来上がり。

無塩バター…大さじ3
サトウキビ原料の砂糖…大さじ3
燻味塩…小さじ1/4
沸騰したての湯…900ml
アッサム オーソドックス TGFOPの茶葉…大さじ3 1/2
ホイップクリーム…120ml（最後に乗せる）

1　無塩バター、砂糖、燻味塩をボウルに入れ、湯175mlを注ぎます。かき混ぜて砂糖と塩を溶かします。

2　ティーポットに茶葉を入れ、残りの湯を注いで5〜6分浸します。

3　こしながらカップに注ぎ、1の塩キャラメルを加えて混ぜます。

出し方：それぞれのカップにホイップクリームを載せましょう。

香港式ミルクティー　4人分

 湯温 100℃　　 抽出 1分　　 タイプ ホット　　 ミルク エバミルク

別名「シルクストッキングティー」。1950年代に香港で広まりました。ポットからポットへとお茶をろ過して移す作業を6往復し、ミルクと砂糖を加えて作ります。ストッキングに似た長い綿のろ過袋が使われてきたことから、この名が付きました。

キーマン、アッサム、セイロンの茶葉
　…各大さじ1
水…900ml
砂糖…大さじ3
エバミルク（無糖練乳）…小缶
　（175ml）×2

1　小鍋に900mlの水を入れて強火にかけ、沸騰したら茶葉を加えます。1分沸騰させたら火から下ろし、こしながら別の鍋に移します。

2　茶殻が残ったままのストレーナーを使い、お茶を最初の鍋に戻します。同様にあと5往復します。

3　熱あつのお茶に砂糖を加え、よく混ぜます。沸騰させないように注意しながら小鍋でミルクを温め、お茶に加えます。

出し方：かき混ぜて、角氷を加えて出しましょう。

香港式ミルクティー
なめらかでクリーミーな飲み口は、エバミルクによって生まれます。

チョコレート・フィグ 4人分

 湯温 100℃　　 抽出 5分　　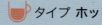 タイプ ホット　　 ミルク 牛乳（なくてもOK）

プーアル茶の土の香味は、黒イチジクの甘さとよく合います。このブレンドをフルに楽しむには、必ずカカオ分の高いダークチョコレートを用意しましょう。

ドライの黒イチジク…10個
沸騰したての湯…900ml
ダークチョコレート（カカオ分70%以上）…20g（細かく砕く）
プーアル熟茶の茶葉…大さじ4

1. 沸騰したての少量の湯に黒イチジクを2分浸けてやわらかくし、小さく切ります。
2. ティーポットにダークチョコレートと1の黒イチジクを入れ、湯175mlを注いで混ぜます。
3. 別のティーポットに茶葉を入れ、残りの湯を注いで5分浸します。お茶をこして2のティーポットに注ぎます。

出し方：こしながらカップに注ぎ、お好みで牛乳を加えてホットで出しましょう。

土　クリーミー　甘い

チベットのバター茶 4人分

 湯温 100℃　　 抽出 1分　　 タイプ ホット　　 ミルク 牛乳

元来はクリーミーなヤクのミルクを使って作る、塩味の効いた濃厚なバター茶（ポーチャ）。とっつきにくい味ですが、飲むほどにそのおいしさがわかってきます。もっとクリーミーにするには、塩の量を減らし、バターと牛乳の量を増やしましょう。

プーアル熟成茶の茶葉…大さじ2
水…600ml
塩…小さじ1/4
牛乳またはダブルクリーム※…200ml
無塩バター…大さじ3

※…乳脂肪分48%以上の生クリーム

特別に用意する道具：ミキサー

1. 小鍋に水650mlを入れ、茶葉を加え、中火にかけて沸騰させます。
2. 塩を加えて1分沸騰させたら、鍋を火から下ろします。1分おいてから、お茶をこして別の小鍋に移します。
3. 牛乳を混ぜ入れ、弱火で1分ふつふつと煮ます。ミキサーに注ぎ、無塩バターを加え、細かく泡立つまで撹拌します。

出し方：大きめの椀やマグに注ぎます。

オーチャード・ローズ　4人分

 湯温 100℃　 抽出 2分　 タイプ ホット　 ミルク なし

カルダモンとローズウォーターを合わせ、はつらつとしたセイロン紅茶を浸せば、エキゾチックなフレーバーの出来上がり。お茶が渋くなるので、浸しすぎないように注意。ハチミツとリンゴで甘さを出して、飲みやすく仕上げましょう。

リンゴ…1個
（芯を除き、さいの目切り）
つぶしたカルダモンシード…カルダモンポッド8個分
ローズウォーター…小さじ1 1/2
ハチミツ…小さじ3
沸騰したての湯…870ml
セイロン紅茶の茶葉…大さじ3 1/2
ローズバッド（またはリンゴの薄いスライス）…4つ（飾り用）

1　ティーポットに、リンゴ、カルダモンシード、ローズウォーター、ハチミツを合わせます。沸騰したての湯175mlを注いで4分浸します。

2　別のティーポットにセイロン紅茶の茶葉を入れ、残りの湯を注いで2分浸します。

3　お茶をこして1のティーポットに注ぎ、さらに3分浸します。

出し方：こしながらカップに注ぎ、ローズバッドまたはリンゴのスライスを飾って出しましょう。

スパイシー・セイロン　4人分

 湯温 100℃　 抽出 2分　 タイプ ホット　 ミルク なし

ストレートで飲みたい人、砂糖やハチミツで甘みを付けたい人などさまざまだと思いますが、スパイシーなセイロン紅茶も試してみませんか。ハラペーニョのほどよい辛さが体を温めてくれるので、冷めたお茶でも、ポカポカになれます。

ライムゼスト…1個半分
ハラペーニョ…7.5cm（種とワタは除かずに小口切り）
沸騰したての湯…900ml
セイロン紅茶の茶葉…大さじ3
ライムのスライス…4切れ（飾り用）

1　ティーポットにライムゼストとハラペーニョを入れ、沸騰したての湯200mlを注いで浸しておきます。

2　別のティーポットに茶葉を入れ、残りの湯を注いで2分浸します。

3　お茶をこして1のティーポットに注ぎ、さらに2分浸します。

出し方：こしながらカップに注ぎ、ライムのスライスを飾り付けましょう。

アイスゆずアッサム 2人分

 湯温 100℃ 抽出 3分 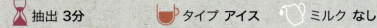 タイプ アイス ミルク なし

心地よい酸味と軽やかな香味が持ち味のゆずを使ったレシピ。季節的に生のゆずが手に入らない場合は、フリーズドライの皮などでもOK。オレンジブロッサムウォーターで、深みのあるアッサムをさっぱりと仕上げます。

ゆずの皮（またはオレンジとレモンの皮）…大さじ2
オレンジブロッサムウォーター…6滴
アッサム紅茶の茶葉…大さじ2
沸騰したての湯…450ml
角氷…適量

特別に用意する道具：
ペストルまたは乳棒

1　ゆずの皮を半量ずつ2つのタンブラーグラスに入れ、オレンジブロッサムウォーターを3滴ずつたらし、ペストルか乳棒でつぶして汁を出します。

2　ティーポットに茶葉を入れ、沸騰したての湯を注いで3分浸します。

3　お茶をこして1のグラスに注ぎ、冷まします。

出し方：角氷を加え、混ぜてから出しましょう。

ティーガーデン・フロスト 2人分

 湯温 100℃ 抽出 2分 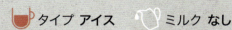 タイプ アイス ミルク なし

セイロン紅茶はそれだけでも刺激的な味がしておいしく飲めますが、ほかの材料の味ともよく混ざります。バジルのリコリス風味が冴えわたり、柿の甘さがほんのりと感じられるレシピです。

バジルの生葉…大さじ2（ドライの場合は大さじ1）
レモンゼスト…ひとつまみ
生の柿のさいの目切り…大さじ4
　（干し柿の場合は大さじ3）
セイロン紅茶の茶葉…大さじ2
沸騰したての湯…500ml
角氷…適量

特別に用意する道具：
ペストルまたは乳棒

1　バジルとレモンゼストを半量ずつ2つのタンブラーグラスに入れ、ペストルか乳棒でつぶして汁を出します。

2　タンブラーグラスに柿を加えます。

3　ティーポットに茶葉を入れ、沸騰したての湯を注いで2分浸します。

4　お茶をこして2のタンブラーグラスに注ぎ、冷まします。

出し方：角氷を加えて出しましょう。

紅茶　181

マウンテン・フラッシュ 2人分

 湯温 なし　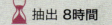 抽出 8時間　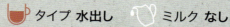 タイプ 水出し　 ミルク なし

水出しの良さは、茶葉の成分がゆっくりと溶け出すことで、より甘い味に仕上がるところにあります。ダージリンティーのバランスの良い香味とぶどうの甘さの組み合わせは、何時間も待つ価値のある味わいです。

種なし白ぶどう…15粒（スライス）
ダージリン紅茶（オータムナル）の茶葉…小さじ3
水…500ml

特別に用意する道具：
ペストルまたは乳棒

1　白ぶどうの半量をペストルか乳棒でつぶして汁を出したら、残りの白ぶどうと茶葉とともに750mlサイズの蓋付きジャグに入れます。

2　冷水500mlを注ぎ、かき混ぜてから蓋をします。冷蔵庫に入れて8時間待ちます。

出し方：2つのタンブラーグラスに注いで出しましょう。

アイス金芽茶 2人分

 湯温 100℃　 抽出 2分　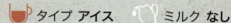 タイプ アイス　 ミルク なし

雲南金芽茶は、豊かで深みのある味わいが特徴。オレンジの柑橘系の香味とよく合います。少量のオレンジとバニラで、バランスの良いフルーティーな味をプラスしました。

オレンジゼスト…小さじ1/2
微粒グラニュー糖…小さじ1
バニラビーンズ…1cm（またはピュアバニラエクストラクトを数滴）
雲南金芽茶の茶葉…小さじ3
沸騰したての湯…500ml
角氷…適量
オレンジのスライス…2切れ（飾り用）

1　大きめの耐熱ガラスジャーに、オレンジゼスト、グラニュー糖、バニラビーンズを入れます。

2　ティーポットに茶葉を入れ、沸騰したての湯を注いで2分浸します。

3　お茶をこして1のジャーに注ぎ、かき混ぜてから冷まします。

出し方：冷めたら角氷を加え、2つのタンブラーグラスに注ぎます。オレンジのスライスを飾り付けましょう。

なめらか
甘い
柑橘の風味

マサラチャイ　2人分

植民地下のインドで誕生したマサラチャイは、スパイスで味付けされたおいしいホットティーで、いまや世界中で人気を博しています。さまざまなスパイスを組み合わせられるため、無限の味の可能性が広がっています。

インドではチャイワーラー（「お茶屋」の意）が道という道に広がっています。屋根付きの小さな屋台から、鍋とコンロだけで地べたで売る人まで、その売り方は実にさまざま。ミルクと紅茶を混ぜてスパイスを加えたら、鍋を高々と上げて、お茶をこしながら別の鍋に移す—そんな手の込んだ淹れ方を確立している屋台も見かけます。

用意するもの

材料
- クローブ…6個
- スターアニス…2個
- シナモンスティック…7.5cm
- カルダモンポッド…5個
- 生の根ショウガ…5cm（スライス）
- アッサム紅茶の茶葉…大さじ山盛り1
- 水…650ml
- バッファローミルクまたは牛乳…400ml
- 砂糖またはハチミツ…大さじ3～4（お好みで調節）

特別に用意する道具：
乳棒と乳鉢

1 ショウガのスライス以外のスパイスをすべて乳鉢に入れます。細かくなるまで、乳棒で砕いてつぶします。温かみのある刺激的な香りが漂ってきます。

2 小鍋に、砕いたスパイス、ショウガのスライス、茶葉を入れ、中火で3～4分炒めてスパイスと紅茶の香り成分を抽出します。材料が焦げないように、木のスプーンで絶えずかき混ぜましょう。

力強いスパイスの
風味に対抗するには、
濃厚で渋みのある
アッサム紅茶がぴったり。

3 水650mlを加え、強火にします。沸騰したら火を弱め、ふつふつと煮ます。煮ている間は、常にスプーンで混ぜ続けます。

4 ミルクと砂糖を加え、すべての材料が混ざるように、引き続き混ぜながら2分ふつふつと煮ます。鍋を火から下ろし、こしてティーポットに移します。

出し方
30cm以上の高さからマグまたはカップに注ぎ、表面を泡立たせましょう。

チャイのアレンジレシピ

P.182〜183のレシピをもとに、スパイスやフレーバーをさまざまにブレンドして自分好みにアレンジしましょう。チョコやアルコールのほか、少し辛さがほしいならトウガラシを加えるのもあり。ただし、お茶の成分が凝固してしまうので酸味のあるフルーツはNGです。

バニラチャイ
チャイがふつふつしたらすぐにバニラビーンズ2.5cm×2を加え、割ります。または、煮た後にバニラやアーモンドのエクストラクトを数滴たらしてもよいでしょう。

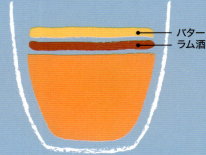

ホットバターラムチャイ
仕上げに1杯あたりラム酒大さじ2とバター小さじ1を加えます。お酒をもう少し効かせるなら、ラム酒を増やして。

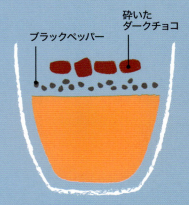

よくばりチャイ
スパイス、コショウ、チョコをブレンドしたおいしいレシピ。ホールのブラックペッパー小さじ1/4を手順1で加え、ダークチョコ25gを火から下ろす少し前に加えます。好みの辛さに合わせて量を調節し、辛すぎたらミルクを加えて。

ピリ辛チャイ
ホールのブラックペッパー小さじ1/4またはちぎったトウガラシ（両方でも可）を手順1で加えます。咳き込む可能性があるので、つぶすときに深く息を吸わないように。一部地域の伝統的なレシピでは、ブラックペッパーは定番材料です。

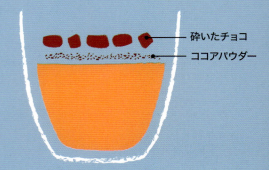

チョコレートチャイ
さらに濃厚なデザートチャイ。無糖ココアパウダー大さじ1またはチョコ15gを火から下ろす少し前（チャイをこす前）に加えます。クリーミーなホワイトチョコレートチャイにするには、ホワイトチョコ20gを加えましょう。

チャイのアレンジレシピ　185

チャイを作ると、キッチンに食欲をそそる香りが漂います。

緑茶チャイ
インドのカシミール地方では緑茶を使います。緑茶なら、ずっしりとした濃厚なアッサムの代わりとして世界中どこでも簡単に手に入ります。クローブとシナモンの量を減らして、カルダモンを少し増やしましょう。

ミルクの泡
ミルク

チャイラテ
少量の牛乳を別に温め、ハンドミキサーかミルクフロッサーで泡立ててチャイに載せましょう。お好みでアーモンドミルクかココナッツミルクも試してみて。

マサラチャイエキス

シロップ状のマサラチャイのエキスを冷蔵庫に作り置きしておけたら素敵ですよね。そのままスムージーに足せるほか、アイスチャイもさっと作れます。温めた牛乳を、好みに合わせて大さじ1〜2杯加えても美味です。エキスの作り方は簡単ですが、シロップ状になるまで少々時間がかかります。

材料
アッサム紅茶の茶葉…大さじ3
水…1.2L
生ハチミツ…75ml
バニラビーンズ…1本（割る）
おろしショウガ…小さじ2
ホールのクローブ…5個
カルダモンポッド…10個（つぶす）
アニスシード…小さじ1
シナモンスティック…3本
ナツメグパウダー…小さじ1

1　小鍋にすべての材料を入れて中火にかけ、元の量の2/3にほどなるまで約30分ふつふつと煮ます。

2　1をこしてジャーまたはびんに注ぎ、冷めたら冷蔵庫に入れて保存します。

ピーチ・アッサム・ラテ 2人分

 湯温 100℃　　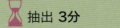 抽出 3分　　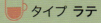 タイプ ラテ　　 ミルク ココナッツクリーム

このレシピには濃厚なココナッツクリームが最適。フルーティーだけど甘さが足りないので、バニラシュガーで上手に甘さを加えます。デザートティーとしても、週末のブランチのメニューとしても、濃厚な香味がうれしい一杯です。

熟れたもも…1個（芯を除き、スライス）
（缶詰めの場合はすすぎ）
沸騰したての湯…650ml
アッサム紅茶の茶葉…大さじ3
バニラシュガー…小さじ6
ココナッツクリーム缶…上の濃厚な層150ml＋ミルクの層大さじ2

特別に用意する道具：
ハンドミキサー

1　ティーポットにもものスライスを入れ、沸騰したての湯をももがかぶるくらいに注ぎます。

2　別のティーポットに茶葉を入れ、残りの湯を注いで3分浸します。お茶をこして1のティーポットに注ぎ、さらに2分浸します。

3　ボウルに空け、バニラシュガー、ココナッツクリーム、ココナッツミルクを加えます。ハンドミキサーを使って、ももを崩しつつ、ほどよく泡立てます。

出し方：ココナッツクリームを少量載せて、ホットで出しましょう。

ビターオレンジ・ラテ 2人分

 湯温 100℃　　 抽出 3分　　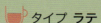 タイプ ラテ　　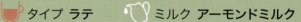 ミルク アーモンドミルク

良質なビターオレンジマーマレードを使いましょう。マーマレードの酸味と苦味が、アッサムの力強い香味と美しく溶け合います。アーモンドミルクで濃厚な甘みを足します。

アッサム紅茶の茶葉…大さじ3
沸騰したての湯…650ml
甘味料入りのアーモンドミルク…240ml
ビターオレンジマーマレード…大さじ2

1　ティーポットに茶葉を入れ、沸騰したての湯を注いで3分浸します。お茶をこし、茶葉はすべて捨てます。

2　小鍋にアーモンドミルクとマーマレードを合わせ、マーマレードが溶けるまで弱火で温めます。

3　火から下ろし、オレンジの皮をこしながらティーポットに注ぎます。

出し方：高い位置から注いで表面を泡立てて、すぐに出しましょう。

酸味
柑橘の風味
なめらか

プーアル・チョコレート 2人分

 湯温 100℃　　 抽出 2分　　タイプ カクテル　　ミルク なし

力強く深い味わいという共通点があるチョコレートとプーアル茶は、よくペアで使われます。プーアル茶とチョコレートビターズをホワイトラムに加え、なめらかな口あたりの驚くほど濃厚な一杯に仕上げました。

プーアル茶の茶葉…大さじ3
沸騰したての湯…400ml
ホワイトラム…120ml
チョコレートビターズ…小さじ4
角氷…適量

特別に用意する道具：
カクテルシェーカー

1 ティーポットに茶葉を入れ、沸騰したての湯を注いで2分浸します。

2 カクテルシェーカーに注いで冷まします。冷めたらホワイトラムとチョコレートビターズを加え、いっぱいになるまで角氷を入れます。

出し方：数秒はげしくシェイクし、こしながらカクテルグラスに注いで出しましょう。

フォーティファイド・アッサム 2人分

 湯温 100℃　　 抽出 3分　　タイプ カクテル　　ミルク なし

アルコールをプラスして酒精強化ワインの紅茶版のような味に仕上げた、食前酒にぴったりの一品。アッサム以外の紅茶で代用することもできます。濃縮液は、冷蔵庫で数週間、冷凍庫なら6カ月保存がききます。アイスティーで使ってもグッド。

アッサム紅茶の茶葉…大さじ1
沸騰したての湯…240ml
砂糖…大さじ3
中辛のシェリー酒…175ml
レモンピールをひねったもの…4つ
（飾り用）

1 ティーポットに茶葉を入れ、沸騰したての湯を注いで3分浸します。

2 お茶をこして小鍋に移し、砂糖を加えます。

3 強火にかけ、元の量の1/3になるまで15分沸騰させます。

4 濃縮したお茶を冷ましてから、シェリー酒を加えます。

出し方：レモンピールをカクテルに浮かべるか、ワイングラスに飾り付けて出しましょう。

キーマン・アレクサンダー
麦芽風味のクリーミーなチョコレートカクテル。夜のひとときにうれしい一杯です。

キーマン・アレクサンダー 2人分

 湯温 100℃　　 抽出 3分　　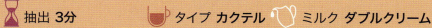 タイプ カクテル　　ミルク ダブルクリーム

1910年ごろに発明されたクラシックなジンのカクテル「アレクサンダー」に敬意を表した一品。クレーム・ド・カカオの代わりに、チョコレートビターズ、麦芽香味のキーマン、ダブルクリームを使った、まったりおいしいカクテルです。

キーマン紅茶の茶葉…大さじ2
沸騰したての湯…400ml
ダークチョコレート…20g
ジン…120ml
チョコレートビターズ…小さじ1
ダブルクリーム※…大さじ3

※…乳脂肪分48%以上の生クリーム

1. ティーポットに茶葉を入れ、沸騰したての湯を注いで3分浸します。
2. お茶をこしてジャグに注ぎ、ダークチョコを加えて溶けるまで混ぜ、冷まします。
3. 冷めたら、ジン、チョコレートビターズ、ダブルクリームを加え、全体が混ざるまでかき混ぜます。

出し方：縁に砂糖をつけたカクテルグラスに注いで出しましょう。

ロングアイランド式アイスティー 2人分

 湯温 なし　　 抽出 なし　　 タイプ カクテル　　ミルク なし

アメリカの古典的なアイスティーレシピ。見た目はアイスティーですが、紅茶らしさがあるのは色合いだけ。その正体は、紅茶の香味がみじんも感じられない、ガツンとアルコールの効いたカクテルです。

ジン、テキーラ、ウォッカ、ホワイトラム、トリプルセック、シンプルシロップ…各30ml
レモンジュース…60ml
コーラ…120ml
角氷…適量
くし型に切ったレモン…2切れ
　　　　　　　　　　（飾り用）

特別に用意する道具：
カクテルシェーカー

1. コーラ以外の飲料をすべてカクテルシェーカーに注ぎ、いっぱいになるまで角氷を加えたら、数秒はげしくシェイクします。
2. 氷で満たした背の高いコリンズグラスにこしながら注ぎ、最後にコーラを加えます。

出し方：レモンをグラスに飾り付けて出しましょう。

プーアル・サングリア　4人分

 湯温 100℃　　 抽出 4分　　タイプ カクテル　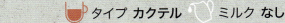 ミルク なし

サングリアの何がすばらしいかといえば、冷蔵庫で数時間冷やすことで味がよくなるので、作り置きできるところです。ワイン、コニャック、プーアル茶をフルーツが吸って、とびきり美味しいカクテルに仕上がります。スプーンを忘れずに用意して。

もも…1個（芯を除き、スライス）
イチゴ…12個（スライス）
オレンジ…1個（小房に分ける）
プーアル茶の茶葉…大さじ2
沸騰したての湯…240ml
グラン・マルニエ…75ml
赤ワイン…400ml
角氷…適量

1. 1.4Lサイズのガラスジャグにフルーツをすべて入れます。
2. ティーポットに茶葉を入れ、沸騰したての湯を注いで4分浸します。
3. お茶を冷まして1のジャグに注いだら、グラン・マルニエ、赤ワイン、角氷を加えて混ぜます。

出し方：ワイングラスで出しましょう。

モンスーン・シーズン　4人分

 湯温 100℃　　 抽出 なし　　タイプ カクテル　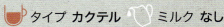 ミルク なし

お酒好きのためのレモン入りティーカクテル。セイロンの濃縮液は紅茶としてのキレがあり、ウォッカにも味負けしません。リモンチェッロで、レモン＆砂糖の甘酸っぱい味を再現しました。

セイロン紅茶の濃縮液…大さじ4
セイロン紅茶の茶葉…大さじ1
沸騰したての湯…240ml
砂糖…大さじ3
ウォッカとリモンチェッロ…各60ml
角氷…適量
炭酸水…200ml
レモンのスライス…4切れ（飾り用）

特別に用意する道具：
カクテルシェーカー

1. P.187のアッサム紅茶の濃縮液の手順に従って、セイロン紅茶の濃縮液を作ります。
2. ウォッカ、リモンチェッロ、セイロンの濃縮液をカクテルシェーカーに入れ、1分間はげしくシェイクします。

出し方：半分まで氷で満たしたカクテルグラスにこしながら注ぎ、炭酸水で割ります。レモンのスライスを飾り付けて出しましょう。

フレグラント・パゴダ 4人分

 湯温 80℃　　抽出 2分　　タイプ ホット　　ミルク なし

湖南省の洞庭湖で作られた珍しい黄茶を使います。繊細な香味が消えないように、味付けは軽めです。黄茶の甘さはそのままに、エルダーフラワーコーディアルで印象的な味わいに仕上げました。

君山銀針（くんざんぎんしん）の茶葉…大さじ3
80℃の湯…900ml
エルダーフラワーコーディアル…10滴

1　ティーポットに茶葉を入れ、80℃の湯を注いで2分浸します。

2　1をこす直前にエルダーフラワーコーディアルを加えます。飾り用の茶殻を少量とっておきます。

出し方：こしながらカップかマグに注ぎ、茶殻を浮かべて出しましょう。

甘い
繊細
やさしい味

サマー・パレス 2人分

湯温 80℃　　抽出 2分　　タイプ アイス　　ミルク なし

霍山黄芽（かんざんこうが）は、ほのかに芳ばしさの効いた、優雅で軽やかな味わいのお茶です。氷でしめれば、透明感のあるあっさりとした香味で喉の渇きが癒やされます。スターフルーツでリンゴの風味を加え、草とフルーツを思わせる繊細な味わいに仕上げました。

スターフルーツ…1個（スライス）
　＋薄いスライス2枚（飾り用）
沸騰したての湯…100ml
80℃の湯…400ml
霍山黄芽の茶葉…大さじ1
ハチミツ…小さじ2
角氷…適量

1　ティーポットにスターフルーツを入れ、沸騰したての湯を注いで1分浸します。

2　1のティーポットに茶葉と80℃の湯を注ぎ、さらに2分浸します。

3　こしながら2つのタンブラーグラスに注ぎ、ハチミツを混ぜ入れます。冷めるまで待ってから、角氷を入れて混ぜます。

出し方：スターフルーツのスライスを飾り付けて出しましょう。

タピオカティー 2人分

タピオカの入ったフルーツフレーバーティーまたはミルクティー。タピオカはグミのような食感で、味は甘く、見た目のおもしろさもあります。1980年代前半に台湾で生まれたタピオカティーは、自在にアレンジできる楽しいドリンクとして世界中で人気を博しています。

タロイモ・タピオカティーの作り方

　ふわふわの飲み口が楽しい人気メニュー。きれいな紫色とミルクシェイクのようなとろみの正体は、食物繊維が豊富なタロイモ。タピオカの食感が楽しいお手軽レシピです。タピオカスターチから作られる、やわらかく噛みごたえがあってほんのり甘いタピオカパールは、グラスの底に沈むので、太いストローがないと飲めません。

用意するもの

材料
水…2L+240ml+480ml
タピオカパール (5分茹でタイプ)…150g (4杯分)
グラニュー糖…225g
タロイモ…200g (皮をむき、乱切り)
ハチミツまたは砂糖…適量

特別に用意する道具:
ハンドミキサー

1 大きめの鍋に水2Lを入れて火にかけ、沸騰したらタピオカパールを加え、1〜2分煮ます。タピオカが浮いてきてやわらかくなり始めたら、中火にして蓋をし、5分ふつふつと煮ます。

2 水切りスプーンを使ってタピオカを取り出し、冷水 (分量外) をためたボウルに入れてダマになるのを防ぎます。水240mlに砂糖を加えて沸かし、2分沸騰させてシロップを作ります。冷めたら、タピオカを入れて15分浸します。

3 タロイモドリンク:水480mlを沸かしてタロイモを入れ、20分 (またはやわらかくなるまで) 煮ます。火から下ろし、タロイモをこします。汲みたての水 (またはミルク) を加えながらハンドミキサーで混ぜ、飲みやすいとろみに調節します。ハチミツまたは砂糖でお好みの甘さにしたら、2つのタンブラーグラスに注ぎ、2のタピオカを1/4量ずつ加えましょう。

タロイモ
焼いたり、茹でたり、オーブンで調理したりできる万能の野菜。カリウムと食物繊維が豊富です。

タピオカティー
心躍る楽しいドリンク。つくりたての
タピオカで作るのが一番です。

バブルティーの作り方

「球体化」とは、液体を球体にする調理法のこと。こうした分子ガストロノミー（科学的知見に基づいた調理法）のテクニックは、人気のタピオカティーの世界にも進出しています。いつものタピオカの代わりに、球体化のテクニックを使ってさまざまなジュースやお茶で「プチプチ」のバブルを作ってみましょう。

用意するもの

材料
水…650ml
アルギン酸ナトリウムの粉末…6g
塩化カルシウムの粉末…10g
ジュース、ティザン、お茶のいずれか
（風味付け用）

特別に用意する道具：
ハンドミキサー
シリンジまたはディスペンサー

1 深めのボウルに水650mlとアルギン酸ナトリウムを合わせ、ハンドミキサーで5〜10分混ぜます。2Lサイズの鍋に入れて火にかけ、沸騰したら火から下ろし、ボウルに戻して完全に冷まします。

2 別のボウルで、ジュース（または濃いめのお茶）とアルギン酸ナトリウム溶液を2:3の割合で混ぜ合わせます。さらに別の深めのボウルに水2Lを入れ、塩化カルシウムを加えて1〜2分混ぜて溶かします。これで無色の液体ができます。

時短のコツ
バブル作りにあまり時間をかけたくない場合は、レシピの分量を半分にしてもOK。

3 シリンジまたはディスペンサーを使い、アルギン酸ナトリウムとジュースのミックスを塩化カルシウム溶液のボウルに1滴ずつたらしていきます。

4 水切りスプーンで球体を取り出します。数時間で固まってしまうので、すぐに使いましょう。2つのタンブラーグラスにお好みのお茶を250mlずつ注ぎ、プチプチのバブルを1/4量ずつ加えたら完成です。

プチプチのバブル
ジュースやフレーバードリンクが詰まった
イクラサイズの球体で、驚きの食感を
プラスします。

タピオカティー/バブルティーのアレンジ

P.192でタピオカティーの作り方を学んだところで、さまざまなお茶やティザン、フルーツジュースを使って多彩なフレーバーの組み合わせを試してみましょう。タピオカティーやバブルティーは、どんな材料でも作れるんですよ。以下に入門編のアレンジレシピを集めました。

マンゴー & 紅茶
コクのあるアッサム紅茶とマンゴーに生ハチミツを適量加え、ミキサーにかけます。最後に透明なタピオカを入れて完成。マンゴーサイコー！

パイナップル&ココナッツ
カットパイナップルとココナッツウォーターをミキサーにかけ、パイナップルジュースのバブルを加えます。

チャイ
昔ながらのチャイを作り、チョコレートミルクのバブルを加えて意外性を出します。

抹茶ミント
ミントティーに抹茶を加えて泡立て器で混ぜたら、ミントティーのバブルを加えます。

チョコレート&アーモンドミルク
無糖ココアパウダー、温めたアーモンドミルク、生ハチミツを混ぜ合わせ、タピオカを加えます。

鉄観音烏龍茶
香り高い鉄観音烏龍茶に、アプリコットジュースのバブルを加えます。

タピオカティー／バブルティーのアレンジ　197

基本的な割合
タンブラーグラス2杯分
お茶…500ml
フルーツをミキサーにかけたもの…240ml（指示がある場合）
タピオカまたはバブル…240ml
角氷…6個（指示がある場合）

大満足のドリンクに、噛みごたえのあるタピオカで食感と「ひねり」を加えます。

ガンパウダー緑茶&ココナッツ
ガンパウダー緑茶とココナッツミルクを混ぜ、ココナッツミルクのバブルを加えます。

（ガンパウダー緑茶＋ココナッツミルク／ココナッツミルクのバブル）

寿眉茶&ライスミルク
寿眉茶と温めた甘味料入りのライスミルクを混ぜ、洋梨ジュースのバブルを加えます。

（寿眉茶&ライスミルク／洋梨ジュースのバブル）

カモミール&アーモンドミルク
カモミールの抽出液を用意し、温めたアーモンドミルクと混ぜてから、パイナップルジュースのバブルを加えます。

（カモミールの抽出液＋アーモンドミルク／パイナップルジュースのバブル）

ハニー・ペパーミント
ペパーミントの抽出液、角氷、生ハチミツをミキサーにかけます。仕上げにレモネードのバブルを加えます。

（ペパーミントの抽出液（ハチミツ入り）／角氷／レモネードのバブル）

オレンジ&パイナップル&カモミール
カモミールの抽出液、フルーツ、角氷、生ハチミツをミキサーにかけます。仕上げにココナッツミルクのバブルを加えます。

（泡／カモミールの抽出液＋オレンジ＋パイナップル＋ハチミツ／角氷／ココナッツミルクのバブル）

ジンジャー&アーモンドミルク
甘味料入りのアーモンドミルクに刻みショウガを入れて温めます。こしてから、ジンジャーエールのバブルを加えます。

（アーモンドミルク（ショウガ入り）／ジンジャーエールのバブル）

ゼスティー・トゥルシー 4人分

 湯温 100℃　　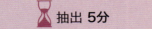 抽出 5分　　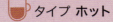 タイプ ホット　　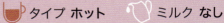 ミルク なし

トゥルシー（ホーリーバジル）には、ブラックペッパーやアニスを思わせるスパイシーで甘い風味があります。オレンジとシナモンと合わせれば、刺激的な酸味が弾けます。

シナモンスティック…7.5cm×3本
　（砕くか、ちぎる）
オレンジゼスト…小さじ3
オレンジのスライス…4切れ（飾り用）
沸騰したての湯…870ml
トゥルシーの葉…大さじ4

1　シナモンスティックとオレンジゼストをティーポットに入れ、沸騰したての湯120mlを注いでおきます。

2　別のティーポットにトゥルシーの葉を入れ、残りの湯を注いで5分浸します。

3　トゥルシーの抽出液をこして、1のティーポットに注ぎます。

出し方：こしながらマグに注ぎ、オレンジのスライスを飾り付けて出しましょう。

酸味　スパイシー　温まる

アップル・ジンジャー・ルイボス 4人分

 湯温 100℃　　 抽出 6分　　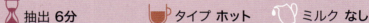 タイプ ホット　　 ミルク なし

フルーツとスパイスによって、ルイボスのフルーティーな香味が引き出されます。生のショウガとリンゴで甘さを足し、少々エネルギッシュに仕上げます。喉の痛みに効果抜群。またカフェインレスなので、夜に飲んで疲れをリセットできます。

リンゴ…1個（芯を除き、さいの目切り）
　＋薄いスライス4切れ（飾り用）
おろしショウガ…小さじ1/2
沸騰したての湯…870ml
ルイボスの葉…大さじ3

1　リンゴとショウガをティーポットに入れ、沸騰したての湯120mlを注いで浸しておきます。

2　別のティーポットにルイボスを入れ、残りの湯を注いで6分浸します。

3　ルイボスの抽出液をこして1のティーポットに注ぎ、さらに1分浸します。

出し方：こしながらカップかマグに注ぎ、リンゴのスライスを飾り付けて出しましょう。

ベイサイド・ヴィラ　4人分

 湯温 100℃　　 抽出 5分　　タイプ ホット　　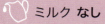 ミルク なし

地中海の料理でよく使われるローレルには、スパイシーなハーブの風味があります。甘くてフルーツティーのようなハーブティーを注いだら、ローレルの味が染みこんだ、香りの良いイチジクもいただきましょう。

イチジク…8個（スライス）
生またはドライのローレル…3枚
　（ちぎる）
リコリスパウダー…ひとつまみ
沸騰したての湯…900ml

特別に用意する道具：
ペストルまたは乳棒

1　ボウルにイチジクを入れ、ペストルか乳棒でつぶして汁を出します。

2　ティーポットに1とローレルを入れ、リコリスパウダーを加え、沸騰したての湯を注いで5分浸します。

出し方：こしながらカップに注ぎ、ホットで出しましょう。

ローストチコリモカ　4人分

 湯温 100℃　　 抽出 5分　　タイプ ホット　　 ミルク 牛乳（なくてもOK）

生だと少し苦いけれど抗酸化物質をたっぷり含むカカオニブと、コーヒーの代用品としての歴史が長く、毒素排出や消化促進に効果のあるローストチコリをマッチング。2つの効能を足し合わせた、健康増進ドリンクです。

荒く挽いたローストチコリ…大さじ2
生のカカオニブ…12粒（砕く）
沸騰したての湯…900ml
ハチミツまたは砂糖…適量
ダークの板チョコレート…4ブロック
　（お茶菓子として）

1　ローストチコリとカカオニブ（殻は取り除かない）をティーポットに入れます。

2　沸騰したての湯を注いで4分浸します。

3　こしながらカップかマグに注ぎ、ハチミツか砂糖を適量加えて甘みを付けます。

出し方：ダークチョコレートを1ブロックずつ添えて出しましょう。

ラズベリー・レモンバーベナ　4人分

湯温 100℃　　抽出 4分　　タイプ ホット　　ミルク なし

美しい珊瑚色をしたラズベリーの抽出液に、天然の強壮剤であるレモンバーベナを加えて、鎮静、不安解消、消化促進の効能をプラス。レモンの酸味は心地よく、きつい酸っぱさはありません。

生または冷凍のラズベリー…10個
＋4個（飾り用）
ドライのレモンバーベナの葉…大さじ3
沸騰したての湯…900ml

特別に用意する道具：
ペストルまたは乳棒

1　ティーポットにラズベリーを入れ、ペストルか乳棒でつぶして汁を出します。
2　レモンバーベナの葉を加え、沸騰したての湯を注いで4分浸します。

出し方：こしながらカップかマグに注ぎ、ラズベリーを飾り付けましょう。

ルイボスの草原　4人分

湯温 100℃　　抽出 4分　　タイプ ホット　　ミルク なし

ドライハーブのみを使った、定番ティザンのアレンジレシピ。カモミールとラベンダーには、鎮静・癒やし・リラックスの効果があります。抗酸化物質を豊富に含むルイボスは、しっかりとほかの味を支え、美しいコッパー色でドリンクを彩ります。

ルイボスの葉…大さじ1
カモミールフラワー…大さじ3
＋少々（飾り用）
ラベンダーのつぼみ…約30個
＋少々（飾り用）
沸騰したての湯…900ml

1　ルイボス、カモミール、ラベンダーをティーポットに入れ、沸騰したての湯を注いで4分浸します。
2　こしながらカップかマグに注ぎます。

出し方：カモミールとラベンダーをいくつか飾り付けましょう。

リラックス
鎮静
かぐわしい

ラズベリー・レモンバーベナ
鮮やかな色味が美しく、心地良い
酸味・フルーティーな香味・鎮静
効果を一度に楽しめます。

春の訪れ　4人分

 湯温 100℃　　 抽出 5分　　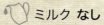 タイプ ホット　　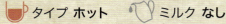 ミルク なし

香りが非常に強いエルダーフラワーは、少量で十分に効果を発揮します。天然の甘味料になるマルベリーリーフと合わせれば、絶妙なバランスのドリンクの完成です。

ドライのマルベリーリーフ…大さじ5
ドライのエルダーフラワー…小さじ2
沸騰したての湯…900ml

1　マルベリーリーフとエルダーフラワーをティーポットに入れます。
2　沸騰したての湯を注いで5分浸します。

出し方：こしながらカップかマグに注ぎ、ホットで出しましょう。

癒やし
甘い
絶妙な風味

フェンネル&レモングラス&洋梨　2人分

 湯温 100℃　　 抽出 5分　　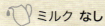 タイプ ホット　　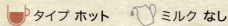 ミルク なし

強力な抗酸化作用のあるレモングラスと、消化促進・抗酸化作用・強い排毒作用のある万能ハーブのフェンネルをブレンド。甘くて爽快なだけでなく、効能がうれしい一杯です。

洋梨…1個（芯を除き、スライス）
ドライのレモングラス…小さじ1 1/2
フェンネルシード…小さじ1
沸騰したての湯…900ml

特別に用意する道具：
ペストルまたは乳棒

1　洋梨のスライスの半量をペストルか乳棒でつぶして汁を出したら、ティーポットに入れ、残りの洋梨、レモングラス、フェンネルシードを加えます。
2　沸騰したての湯を注いで5分浸します。

出し方：こしながらカップかマグに注ぎ、ホットで出しましょう。

竹の葉＆カモミール＆パイナップル 4人分

 湯温 100℃　　 抽出 5分　　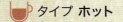 タイプ ホット　　 ミルク なし

羽毛のように軽い竹の葉からは、青々とした美しい色味が出ます。カフェインを避けたいときの緑茶の代わりになるさわやかなハーブです。パイナップルを加えて、カモミールに宿るフルーティーさを高めます。

ドライの竹の葉…大さじ8＋少々
　（飾り用）
ドライのカモミールフラワー…大さじ1
パイナップル…65g（さいの目切り）
沸騰したての湯…900ml

1　竹の葉、カモミール、パイナップルをティーポットに入れます。

2　沸騰したての湯を注いで5分浸します。

出し方：鮮やかな緑色が映える、白い磁器の茶碗にこしながら注ぎます。竹の葉を少々浮かべて、ホットで出しましょう。

ローズヒップ＆ショウガ＆レモン 4人分

 湯温 100℃　　 抽出 5分　　 タイプ ホット　　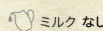 ミルク なし

うれしい効能を持つ定番の材料をブレンドします。ビタミンCをたっぷり含むローズヒップに、風邪薬としての効果が抜群で抗炎症作用もあるショウガとレモンを加えましょう。

ドライのローズヒップ…20g（つぶす）
おろしショウガ…小さじ1/2
レモンゼスト…小さじ1/2
レモンのスライス…4切れ（飾り用）
沸騰したての湯…900ml
ハチミツ…適量（なくてもOK）

1　ローズヒップ、ショウガ、レモンゼストをティーポットに入れ、沸騰したての湯を注ぎます。

2　5分浸したら、こしながらカップかマグに注ぎます。

出し方：レモンのスライスを飾り付け、お好みでハチミツを加えてホットで出しましょう。

癒やし
酸味
フルーティー

ロージー・ルイボス　2人分

 湯温 100℃　 抽出 5分　タイプ アイス　ミルク なし

ルイボスを使って、ほかのフレーバーと気軽にブレンドしてみましょう。鮮やかな濃い琥珀色で一見ブレンドしにくそうですが、ローズバッドとバニラと美しく溶け合います。

ローズバッド…大さじ2（軽くつぶす）
ルイボスの葉…大さじ1
バニラビーンズ…2.5cm（半分に割る）
沸騰したての湯…500ml
角氷…適量

1. 飾り用のローズバッドを2個とっておきます。残りのローズバッド、ルイボス、バニラビーンズをティーポットに入れ、沸騰したての湯を注いで5分浸します。
2. こしながらカップかマグに注ぎ、冷めるまで待ちます。

出し方：角氷を加えて混ぜたら、ローズバッドを1つずつ浮かべて出しましょう。

きゅうりとハーブで涼しげに　2人分

 湯温 100℃　 抽出 5分　タイプ アイス　ミルク なし

夏を代表する食材が大集合。ドライハーブではエネルギッシュさが足りないので、バジルとミントは生のものを使いましょう。すっきりとした味わいで、身体を冷やし、喉の渇きを癒やしてくれます。

ちぎったミント…大さじ1
ちぎったバジル…大さじ1
きゅうり…1/2本（スライス）
沸騰したての湯…500ml
角氷…適量

特別に用意する道具：
ペストルまたは乳棒

1. ミントとバジルをペストルか乳棒でつぶして汁を出します。
2. ティーポットに1を入れ、沸騰したての湯を注いで5分浸します。抽出液をこして、冷めるまで待ちます。
3. 2つのタンブラーグラスにきゅうりのスライスを半量ずつ入れ、2を注ぎます。

出し方：角氷を入れてから出しましょう。

ロージー・ルイボス
かぐわしくて甘い、カフェインレスのアイスティザン。見た目の美しさ通りのおいしい味わいです。

メイ・トゥ・セプテンバー 2人分

 湯温 100℃　　 抽出 5分　　 タイプ アイス　　ミルク なし

夏の始めに咲くエルダーフラワーと、夏の終わりを告げるエルダーベリーを合わせるので、ドライハーブでしか作れません。エルダーベリーの透明感のある深紅の色味で、エレガントなアイスティーに仕上がります。暑い秋の日にどうぞ！

ドライのエルダーフラワー…大さじ1
ドライのエルダーベリー…小さじ1 1/4
沸騰したての湯…500ml
ハチミツ…小さじ1
角氷…適量

1. エルダーフラワーとエルダーベリーをティーポットに入れ、沸騰したての湯を注いで5分浸します。
2. 1をこしてガラスジャグに注ぎ、ハチミツを混ぜ入れ、冷めるまで待ちます。飾り用に、浸したエルダーフラワーを数枚取り出しておきます。

出し方：2つのタンブラーグラスに注ぎ、角氷を加えて混ぜます。最後にエルダーフラワーを浮かべましょう。

レッドクローバー、レッドクローバー！ 2人分

 湯温 100℃　　 抽出 5分　　 タイプ アイス　　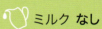 ミルク なし

凝縮された甘みと、他を圧倒するような芳香が特徴のカモミール。カモミールは少量に抑えて、レッドクローバーの風味を生かします。鎮静効果のある2つのハーブに、抗炎症作用を持つリンゴを加えましょう。

ドライのカモミールの葉…大さじ1
ドライのレッドクローバー…大さじ3
　（裂け目を入れる）
大きめのリンゴ…1個（小さめのさいの目切り）＋薄いスライス4切れ（飾り用）
沸騰したての湯…500ml
角氷…適量

1. カモミール、レッドクローバー、リンゴをティーポットに入れ、沸騰したての湯を注いで5分浸します。
2. 1をこしてガラスジャグに注ぎ、冷めるまで待ちます。

出し方：2つのタンブラーグラスに注ぎ、角氷を入れて混ぜます。仕上げにリンゴのスライスを飾りましょう。

ジンジャー・アイスマテ茶　2人分

 湯温 90℃　　 抽出 5分　　 タイプ アイス　　 ミルク なし

マテ茶といえば、南米では、ひょうたんでできた容器に注ぎ、ボンビーリャというストローを使って客人の間で回し飲みするのが古くからの慣習です。ここでは、ショウガとハチミツを入れた、ちょっぴり元気が出るアイスのマテ茶を紹介します。

イェルバ・マテの葉…大さじ2
おろしショウガ…小さじ1/2
90℃の湯…500ml
ハチミツ…小さじ1
角氷…適量

1　イェルバ・マテとショウガをティーポットに入れ、沸騰したての湯を注いで5分浸します。

2　1をこしてガラスジャグに注ぎ、ハチミツを混ぜ入れます。粗熱がとれたら冷蔵庫で冷やします。

出し方：2つのタンブラーグラスに注ぎ、角氷を適量加えましょう。

アニス・アンド・アメリカンチェリー　2人分

 湯温 100℃　　 抽出 5分　　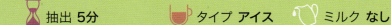 タイプ アイス　　 ミルク なし

アニスの自然な甘さとはっきりとしたリコリスの風味は、アメリカンチェリーの果糖とよく合います。アニスの意外性が楽しい、フルーティーなドリンクです。

生または冷凍のアメリカンチェリー
…20個（種を除き、半分に切る）
＋数個（飾り用）
アニスシード…小さじ1
沸騰したての湯…500ml
角氷…適量

特別に用意する道具：
ペストルまたは乳棒

1　ティーポットにアメリカンチェリーを入れ、ペストルか乳棒でつぶして汁を出します。アニスシードを加え、沸騰したての湯を注いで5分浸します。

2　1をこしてガラスジャグに注ぎ、粗熱がとれたら冷蔵庫で冷やします。

3　角氷を加えて混ぜます。

出し方：2つのタンブラーグラスに注ぎ、アメリカンチェリーを飾り付けましょう。

ストーンフルーツ
甘い
リコリスの風味

ライム・アイスマテ茶 2人分

 湯温 100℃   抽出 5分   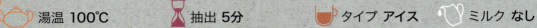 タイプ アイス   ミルク なし

南米で古くから飲まれているイェルバ・マテは、モチノキ科のハーブです。若干の苦みがありますが、伝統を重んじる人は甘くしようなどとは思いません。ここではリコリスで甘みを付け、ライムで味をまとめました。

イェルバ・マテの葉…大さじ2
リコリスパウダー…小さじ1/2
ライムゼスト…小さじ1
ライムのスライス…2切れ
沸騰したての湯…500ml
角氷…適量

1. イェルバ・マテ、リコリスパウダー、ライムゼストをティーポットに入れ、沸騰したての湯を注いで5分浸します。
2. 1をこしてガラスジャグに注ぎ、冷めるまで待ちます。

出し方:2つのタンブラーグラスに注ぎ、角氷を加えて混ぜます。仕上げにライムのスライスで飾りましょう。

甘い スモーキー 柑橘の風味

ロージー・シトラス・フロスト 2人分

 湯温 100℃   抽出 4分   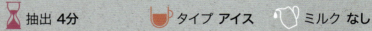 タイプ アイス   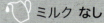 ミルク なし

深みのある美しい色を出すハイビスカスは、ハーブブレンドの常連。ローズヒップとハイビスカスの酸味をハチミツで和らげました。強壮・消化促進・風邪の症状緩和にとてもよく効きます。

ドライのハイビスカスフラワー
　（ローゼル）…小さじ1
ホールのローズヒップ…8個
　（つぶす）
ホールのクローブ…3個
オレンジゼスト…小さじ1
オレンジのスライス…2切れ
　（飾り用）
沸騰したての湯…500ml
ハチミツ…小さじ4
角氷…適量

1. ハイビスカス、ローズヒップ、クローブ、オレンジゼストをティーポットに入れます。
2. 沸騰したての湯を注いで4分浸します。
3. 2をこしてガラスジャグに注ぎ、ハチミツを混ぜ入れ、冷めるまで待ちます。

出し方:角氷で満たした2つのタンブラーグラスに注ぎ、オレンジのスライスを飾り付けて出しましょう。

クレーム・ド・カシス　2人分

 湯温 100℃　 抽出 5分　 タイプ カクテル　ミルク なし

ブラックカラント（カシス）から作った黒い色の甘いお酒、クレーム・ド・カシスの独特の甘みを活かします。地中海の料理によく登場するフェンネルで、刺激的なリコリス風味を加えて画期的な味わいに仕上げました。

つぶしたフェンネルシード…大さじ3
沸騰したての湯…300ml
ウォッカ…60ml
クレーム・ド・カシス…60ml
角氷…適量

特別に用意する道具：
カクテルシェーカー

1　ティーポットにフェンネルシードを入れ、沸騰したての湯を注いで5分浸します。

2　こしながらカクテルシェーカーに注ぎ、冷めるまで待ちます。

3　ウォッカとクレーム・ド・カシスを入れ、いっぱいになるまで角氷を加えたら、30秒はげしくシェイクします。

出し方：こしながら2つのカクテルグラスに注いで完成です。

サザン・ベランダ　2人分

 湯温 100℃　 抽出 5分　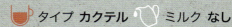 タイプ カクテル　ミルク なし

カモミールの中に確かに感じるパイナップルの香りが、バーボンウイスキーの薫香を完璧に引き立たせます。甘さがうれしい、芳醇なカクテルです。夏の夜にどうぞ。

ドライのカモミールフラワー…大さじ5
沸騰したての湯…400ml
バーボン…120ml
ラベンダービターズ…小さじ1/2
角氷…適量

特別に用意する道具：
カクテルシェーカー

1　ティーポットにカモミールフラワーを入れ、沸騰したての湯を注いで3分浸します。こしながらカクテルシェーカーに注ぎ、冷めるまで待ちます。

2　バーボンとラベンダービターズを入れ、いっぱいになるまで角氷を加えたら、数秒はげしくシェイクします。

出し方：こしながら2つのカクテルグラスに注いで完成です。

ルイボスで酔わせて　2人分

 湯温 100℃　　抽出 5分　　 タイプ カクテル　 ミルク なし

クラシックなマルティーニにひねりを加えた「ティーティーニ」あるいは「マル"ティー"ニ」。ジンの象徴的なジュニパーの風味に合わせるのは、辛口ではなく甘口のベルモット。ルイボスが持つせっかくのフルーティーさを生しましょう。

ルイボスの葉…大さじ2
沸騰したての湯…400ml
ジン…60ml
甘口のベルモット…60ml
角氷…適量
ライムの皮…4片（薄く細く削ってひねる）（飾り用）

特別に用意する道具：
カクテルシェーカー

1　ティーポットにルイボスを入れ、沸騰したての湯を注いで5分浸します。
2　こしながらカクテルシェーカーに注ぎ、冷めるまで待ちます。
3　ジンとベルモットを入れ、いっぱいになるまで角氷を加えたら、数秒はげしくシェイクします。

出し方：こしながらカクテルグラスに注ぎ、ライムの皮を飾り付けて出しましょう。

レモン・イェルバチェッロ　2人分

 湯温 100℃　　 抽出 5分　　 タイプ カクテル　 ミルク なし

マテ茶は、ときに緑茶に例えられる一方、タバコの香りもあり、それがリモンチェッロときれいに混ざり合います。甘い仕上がりなので、氷を加えることを忘れずに。

イェルバ・マテの葉…大さじ3
沸騰したての湯…400ml
リモンチェッロ…120ml
角氷…適量
ライムの皮…4片（薄く細く削ってひねる）（飾り用）

特別に用意する道具：
カクテルシェーカー

1　ティーポットにイェルバ・マテを入れ、沸騰したての湯を注いで5分浸します。
2　こしながらカクテルシェーカーに注ぎ、冷めるまで待ちます。
3　リモンチェッロを入れ、いっぱいになるまで角氷を加えたら、数秒はげしくシェイクします。

出し方：こしながら2つのカクテルグラスに注ぎ、レモンの皮を飾り付けて出しましょう。

ルイボスで酔わせて
クラシックなマルティーニにひとひねり。
ハーブ、柑橘、フルーツの風味が楽しめます。

オレンジ・スパイス・スムージー 2人分

 湯温 なし　　抽出 なし　　タイプ スムージー　　ミルク アーモンドミルク

柑橘系の風味がおいしい、冷たくてクリーミーなドリンク。ビタミンCをたっぷり摂れます。オレンジゼストとショウガが毒素を排出し、不安を解消してくれるので、しゃきっとしたい朝にぴったりの一杯です。

オレンジの果汁…1個分
オレンジゼスト…小さじ1
おろしショウガ…小さじ1/2
プレーンの低脂肪ヨーグルト…350ml
ヘンプシード（麻の実）…小さじ2
甘味料入りアーモンドミルク…120ml

特別に用意する道具：ミキサー

1　オレンジの果汁、オレンジゼスト、ショウガ、ヨーグルト、ヘンプシードをミキサーに入れ、よく撹拌します。

2　さらにアーモンドミルクを加え、クリーミーになるまで撹拌します。

出し方：2つのタンブラーグラスに注ぎ、すぐに出しましょう。

キンモクセイ・フラッペ 2人分

 湯温 100℃　　 抽出 5分　　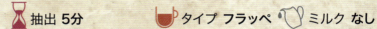 タイプ フラッペ　　ミルク なし

キンモクセイの花は、気持ちを癒やしてくれる甘い香りが重宝されていて、よく緑茶に加えられます。ライチと合わせて印象的に仕上げた、あっさりとしたフラッペです。

ドライのキンモクセイの花…大さじ1
沸騰したての湯…240ml
ライチ缶のシロップ…大さじ4
ライチ缶の果実…8個
ココナッツウォーター…240ml
角氷…4個

特別に用意する道具：ミキサー

1　ティーポットにキンモクセイを入れ、沸騰したての湯を注いで5分浸します。抽出液をこして、冷めるまで待ちます。

2　1をミキサーに注ぎ、ライチ缶のシロップと果実、ココナッツウォーターを加え、なめらかになるまで撹拌します。

3　角氷を加え、氷が砕けきるまで撹拌します。

出し方：2つのタンブラーグラスに注ぎ、すぐに出しましょう。

フルーティー・フロス 2人分

 湯温 なし　　 抽出 なし　　タイプ フラッペ　　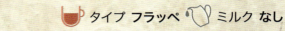 ミルク なし

洋梨やリンゴに含まれるペクチンは天然の増粘剤で、とろみを生む元になります。ミキサーに少しかけるだけで驚くほどふわふわに。ローズウォーターがほのかな甘みを加え、繊維質の果皮に含まれるケセルチンが免疫力を高めてくれます。

洋梨…1個（芯を除き、皮付きのままスライス）
リンゴ…1個（芯を除き、皮付きのままスライス）
レモンゼスト…小さじ1
ローズウォーター…小さじ1 1/2
水…240ml
角氷…10個

特別に用意する道具：ミキサー

1　洋梨、リンゴ、レモンゼスト、ローズウォーターをミキサーに加えます。水240mlを注ぎ、なめらかになるまで撹拌します。

2　さらに角氷を加え、角氷がすっかり砕けるまで撹拌します。

3　さらに角氷を加え、細かく泡立つまで撹拌します。

出し方：2つのタンブラーグラスに注ぎ、すぐに出しましょう。

スパイシー・スイート・ルイボス 2人分

 湯温 100℃　　 抽出 5分　　タイプ フラッペ　　 ミルク なし

フレッシュフルーツのフラッペはすぐに色が悪くなってしまうので、さっと飲みましょう。消化促進・毒素排出・風邪の症状緩和の作用があるカルダモンで豊かなスパイスの香りを付けた、甘いもものドリンクです。

ルイボスの葉…大さじ山盛り1
沸騰したての湯…500ml
熟したもも（または缶詰のもも）…2個（芯を除き、スライス）
カルダモンパウダー…小さじ1/2
ハチミツ…小さじ3
角氷…5個

特別に用意する道具：ミキサー

1　ティーポットにルイボスを入れ、沸騰したての湯を注いで5分浸します。抽出液をこして、冷めるまで待ちます。

2　もも、カルダモンパウダー、ハチミツをミキサーに入れ、1を注ぎ、なめらかになるまで撹拌します。

3　さらに角氷を加え、細かく泡立つまで撹拌します。

出し方：2つのタンブラーグラスに注ぎ、すぐに出しましょう。

クール・トロピカル・フロート 2人分

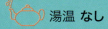 湯温 なし　 抽出 なし　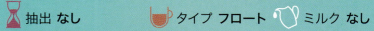 タイプ フロート　ミルク なし

スムージーとフロートを掛け合わせた、一風変わったデザートドリンク。天然の強壮剤のミントでドリンクにエネルギーを注入。注目は、ショウガの炭酸に載って踊るヨーグルトです。

キウイ…1個（皮をむき、乱切り）
ミント…大きめ5枚＋小さめの枝2つ（飾り用）
パイナップル…65g（さいの目切り）
水…120ml
フローズンバニラヨーグルト…多めの2すくい
ジンジャービアまたはジンジャーエール…240ml

特別に用意する道具：ミキサー

1　キウイ、ミント、パイナップル、水120mlをミキサーに入れ、なめらかになるまで撹拌します。

2　2つのタンブラーグラスに注ぎ、フローズンヨーグルトをひとすくいずつ載せます。

出し方：ジンジャービアを上から注ぎ、ミントを飾り付け、ストローを添えて出しましょう。

ミント・スムージー 2人分

 湯温 なし　 抽出 なし　 タイプ スムージー　ミルク アーモンドミルク

ミントの中でも色が残りやすいスペアミントを使いましょう。アボカドでまったりとしたクリーミー感を演出。水とアーモンドミルクを加えますが、スプーンが必要になるほどのとろみを楽しめます。

アボカド…1/2個（果肉をすくって取り出す）
きゅうり…1/4本（皮をむいて種を除き、さいの目切り）
刻んだスペアミントの葉…大さじ2
水…175ml
甘味料入りのアーモンドミルク…175ml

特別に用意する道具：ミキサー

1　アボカド、きゅうり、スペアミントをミキサーに入れます。

2　水175mlとアーモンドミルクを加え、なめらかになるまで1分ほど撹拌します。

出し方：2つのタンブラーグラスに注ぎましょう。

ミントの風味　クリーミー　鮮やかな緑

クール・トロピカル・フロート
ジンジャービアとヨーグルトが共演した、炭酸がおいしいドリンク。

アロエ・ゼア・フラッペ！ 2人分

 湯温 なし　　 抽出 なし　　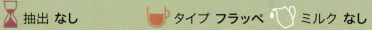 タイプ フラッペ　ミルク なし

甘いフルーツとハーブは取り合わせが悪いように思えるかもしれません。でも、ミントやリコリスの風味があるバジルは、イチゴとの相性が抜群なんです。アロエジュースでふんわりとしたフラッペに仕上がります。意外なおいしさをご賞味あれ！

イチゴ…10個（スライス）
刻んだバジルの葉…大さじ2
アロエジュース…240ml
角氷…4個

特別に用意する道具：ミキサー

1　イチゴ、バジル、アロエジュースをミキサーに入れます。なめらかになり、細かく泡立つまで撹拌します。アロエジュースに含まれるゲルによって、たっぷり泡立ちます。

2　さらに角氷を加え、氷が砕けきるまで撹拌します。

出し方：2つのタンブラーグラスに注ぎましょう。

マヤの夕暮れ 2人分

 湯温 なし　　 抽出 なし　　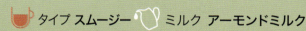 タイプ スムージー　ミルク アーモンドミルク

いろいろな香味が楽しめる奇抜なメニュー。甘さを調節するだけで、簡単に自分好みの香味にできます。冒険したいなら、カイエンペッパーを少々加えて辛味を出して。

無糖ココアパウダー…大さじ2
シナモンパウダー…小さじ1/4
チリパウダー…小さじ1
ハチミツ…大さじ3
木綿豆腐…150g（さいの目切り）
アーモンドミルク…350ml

特別に用意する道具：ミキサー

1　ココアパウダー、シナモンパウダー、チリパウダーをミキサーに入れ、ハチミツ、豆腐、アーモンドミルクを加えます。

2　なめらかでクリーミーになるまで撹拌します。

出し方：2つのタンブラーグラスに注ぎましょう。

クリーミー スパイシー チョコレート

ココナッツ・コブミカン・フロート 2人分

🫖 湯温 100℃　⏳ 抽出 5分　☕ タイプ フロート　🥛 ミルク ココナッツアイスクリーム

香り高いエキゾチックな炭酸フロート。南国の島で出されそうな風味です。クリーミーなココナッツアイスクリームの中で、コブミカンの柑橘の香味がキラリと光ります。

ちぎったコブミカンの葉…大さじ8
ラベンダーのつぼみ…たっぷりひとつまみ
沸騰したての湯…240ml
ココナッツアイスクリーム…多めの2すくい
冷やした炭酸水…240ml

1　コブミカンの葉とラベンダーのつぼみをティーポットに入れ、沸騰したての湯を注いで5分浸します。

2　こしながらガラスジャグに注ぎます。粗熱がとれたら、冷蔵庫に入れて1時間冷やします。

出し方：タンブラーグラスにココナッツアイスクリームを1すくいずつ入れ、2を注ぎます。やさしくかき混ぜ、炭酸水を注いで出しましょう。

サニー・マンゴー・スムージー 2人分

🫖 湯温 なし　⏳ 抽出 なし　☕ タイプ スムージー　🥛 ミルク ココナッツアイスクリーム

ウコンの明るい黄色の元となっているクルクミンの、やわらかな黄色が輝きます。抗酸化物質を豊富に含むウコンにマンゴーとヨーグルトを合わせ、クリーミーで甘いスムージーに仕上げました。

マンゴー…1個（スライス）
おろしウコン…小さじ1（ターメリックパウダーの場合は小さじ1/2）
プレーンの低脂肪ヨーグルト…150ml
ハチミツ…小さじ1
甘味料入りのアーモンドミルク…300ml

特別に用意する道具：ミキサー

1　マンゴー、ウコン、ヨーグルト、ハチミツをミキサーに入れ、数秒撹拌します。

2　アーモンドミルクを加え、完全になめらかになり、クリーミーになるまで撹拌します。

出し方：2つのタンブラーグラスに注ぎましょう。

用語集

明るい：紅茶の味の表現の1つ。普通、やさしい渋味と爽快な香味が感じられる。

アーユルヴェーダ：ヒンドゥー教の伝統医学。薬草を使って治療する。

旨味：食欲をそそる味のこと。蒸して作った多くの日本茶で感じることができる。

オーソドックス製法：製茶法の一種。茶葉をできる限りそのままの形に保つことを目指す。

オータムナル：9月〜10月に摘まれた茶葉のこと。まろやかな味わいが特徴。

蓋碗（がいわん）：蓋と皿が付いた中国の器。磁器やガラス製が一般的。お茶を少量淹れて飲むときに使う。

カテキン：お茶に含まれるポリフェノールの一種。強力な抗酸化作用を持ち、フリーラジカル（環境汚染によって損傷した細胞）の安定化に効果がある。

カフェイン：天然の興奮剤。虫除けのために、若い芽の中で作られる。

釜炒り：緑色の茶葉が、鍋で炒って乾燥（殺青）させられたことを指す。

カメリア・シネンシス：常緑低木の一種。葉と芽がお茶の生産に使われる。中国種とアッサム種の2つの品種がある。

宜興（ぎこう）市：中国江蘇省の市。紫砂という粘土を原料にした、素焼きの茶器「宜興茶壺（ぎこうちゃこ）」が手作りされている。

揮発性のオイル：茶葉に含まれるアロマオイルのこと。熱や酸素に触れると蒸発する。

キレ：軽い渋味のある、はつらつとした味わいを表す言葉。紅茶（特にセイロン）を評して使うことが多い。

口当たり：お茶を飲んだときの物理的な感触（やわらかい、渋い、クリーミーなど）。

グレード（等級）：スリランカ、ケニア、インドで採用されている格付け手法。乾燥茶葉の見た目だけを基準に品質が決定される。

コク：味わいに総じて深みがあること。紅茶を評して使うことが多い。

栽培品種：人工的に作られた栽培用の品種。独特の風味や生育特性がある。

殺青（さっせい）：茶葉を蒸したり釜炒りしたりする、緑茶の製造工程。これによって酸化発酵が止まる。

酸化発酵：茶葉が酸素や熱に触れて、完全または部分的に茶葉内で酵素が分解されること。

渋味：お茶（リカー）から感じる感触のこと。口内の組織の収縮を引き起こす。

煎剤：ハーブを煮出して作った抽出液。

磚茶（たんちゃ）：押し固めた茶葉のこと。蒸した茶葉をレンガの形に固めて作る。

茶筅：1つの竹を削って作る、小さな泡立て器。何本もの細い「穂」が付いていて、抹茶を点てるときに使う。

茶の湯：日本の洗練された正式なお茶の儀式のこと。抹茶を点てて出す際の作法・手順・茶器が決められている。

抽出液：湯（まれに冷水）に茶葉を浸して作った液体。

ティザン：葉、根、種、果実、花、樹皮などで作った抽出液。いわゆるハーブティー。

テロワール：チャノキの特徴的な生育環境のこと。

プーアル茶：中国雲南省で作られる黒茶。経年によって変化する微生物を含む。リーフや餅の形で売られている。

ペコ：新芽に生えている産毛のこと。また、イギリスのグレード体系では、良質な茶葉を意味する言葉としても使われる。

萌芽（フラッシュ）：チャノキの新芽が出ること。摘採／収穫期に数回起こる。

ポリフェノール：毒素の排出を助ける抗酸化物質。お茶には、果物や野菜の約8倍のポリフェノールが含まれている。

リカー：湯に茶葉を浸して作った抽出液をこしたもの。

L-テアニン：お茶に含まれる独特のアミノ酸。ストレスの緩和や心身のリラックス効果がある。

索引

太文字のページ番号はレシピのページを示します。

あ

アーモンドミルク：オレンジ・スパイス・スムージー 212
 カモミール&アーモンドミルク・バブルティー **197**
 グリーン・ハーモニー・フラッペ **158**
 サニー・マンゴー・スムージー **217**
 ジンジャー&アーモンドミルク・バブルティー **197**
 チョコレート&アーモンドミルク・バブルティー **196**
 ビターオレンジ・ラテ **186**
 抹茶ラテ **157**
 マヤの夕暮れ **216**
 ミント・スムージー **214**
アールグレイ 61、72、93、118
アイスティー 162〜3
 アイス金芽茶 **181**
 アイスゆずアッサム **180**
 アイス龍井茶 **156**
 アニス・アンド・アメリカンチェリー **207**
 きゅうりとハーブで涼しげに **204**
 キンモクセイ緑茶 **156**
 サマー・パレス **191**
 ジンジャー・アイスマテ茶 **207**
 ティーガーデン・フロスト **180**
 白牡丹ポンチ **166**
 はちみつレモン抹茶 **155**
 ピリッとアイス煎茶 **155**
 ひんやり武夷岩茶 **172**
 フィッグス・オン・ザ・テラス **166**
 メイ・トゥ・セプテンバー **206**
 ライム・アイスマテ茶 **208**
 レッドクローバー、レッドクローバー **206**
 ロージー・シトラス・フロスト **208**
 ロージー・ルイボス **204**
 鉄観音 **172**
アイリッシュブレックファースト 60
アッサム 69、86〜7、90
アッサム紅茶 45、72、84、86〜7、94
 アイスゆずアッサム **180**
 塩キャラメル・アッサム **176**
 スパイスペア・ブレンド **63**
 チョコレートミント・ブレンド **62**

ビターオレンジ・ラテ **186**
ピーチ・アッサム・ラテ **186**
フォーティファイド・アッサム **187**
ブレンド 60、61、62、63
香港式ミルクティー **176**
マサラチャイ **182〜3**、**185**
マンゴー&紅茶バブルティー **196**
アニス・アンド・アメリカンチェリー **207**
アフタヌーンティー 71、72
アプリコット：アプリコット・リフレッシュ **159**
 カントリーガーデン・ブレンド **63**
 ゴールデン・サマー **164**
アボカド：ココナッツ抹茶 **159**
 ミント・スムージー **214**
甘口のベルモット：ルイボスで酔わせて **210**
アメリカ 69、70、71、72
アメリカ合衆国 128〜9、162〜3
荒茶 97
アロエ・ゼア・フラッペ **216**
安吉白茶 24、74、75
イギリス 68、69、70、72、90〜91
イギリス東インド会社 84
イチゴ：アロエ・ゼア・フラッペ **216**
 カントリーガーデン・ブレンド **63**
 プーアル・サングリア **190**
 ライチ・ストロベリー・フラッペ **168**
イチジク：チョコレート・フィグ **178**
 フィッグス・オン・ザ・テラス **166**
 ベイサイド・ヴィラ **199**
イングリッシュブレックファースト 45、60、93
インド 19、60、84〜9、109
お茶の品種 14、84
お茶の歴史 68、69、70、71、90〜91
紅茶 26、45、85、86
製茶 21、22
白茶 84、85
緑茶 13、84、85、185
インドネシア 71、124
インフューザー 13、36、54〜9
ウィロパーク 137
ウォッカ：クレーム・ド・カシス **209**
 タングルド・ガーデン **168**
 鉄観音ウォッカ **173**
モンスーン季 **190**

リトル・グリーン・スネイル **161**
ロングアイランド式アイスティー **189**
烏龍茶 25、72、169〜73、196
製茶 15、22、23
抽出 36、44、59
雲南金芽茶：アイス金芽茶 **181**
雲南碧螺春：キンモクセイ緑茶 **156**
 ジェイド・オーチャード **152**
 リトル・グリーン・スネイル **161**
エチケット 72
エバミルク：香港式ミルクティー **176**
エルダーフラワー 138、146
 タングルド・ガーデン **168**
 春の訪れ **202**
 フレグラント・パゴダ **191**
 メイ・トゥ・セプテンバー **206**
エルダーベリー 142
 メイ・トゥ・セプテンバー **206**
オーソドックス製法 21、120、121
オーチャード・ローズ **179**
オランダ 67
オレンジ：アイス金芽茶 **181**
 オレンジ・スパイス・スムージー **212**
 オレンジ&パイナップル&カモミール・バブルティー **197**
 オレンジスパイス・ブレンド **62**
 ゼスティー・トゥルシー **198**
 鉄観音ウォッカ **173**
 ビターオレンジ・ラテ **186**
 プーアル・サングリア **190**
オレンジブロッサムウォーター：アイスゆずアッサム **180**
お茶のブレンド 60〜63
お茶の抽出 42〜7、52〜3
お茶の歴史 66〜71、76〜7、90〜91、104、126

220 索引

か

蓋碗 56
カカオ：チョコレートミント・ブレンド 62
　チョコレート・ロック 169
　ローストチコリモカ 199
柿：ティーガーデン・フロスト 180
カクテル 12
カクテル：キーマン・アレクサンダー 189
　クレーム・ド・カシス 209
　サザン・ベランダ 209
　ジャスミンの夕べ 161
　タングルド・ガーデン 168
　鉄観音ウォッカ 173
　プーアル・サングリア 190
　プーアル・チョコレート 187
　フォーティファイド・アッサム 187
　モンスーン・シーズン 190
　リトル・グリーン・スネイル 161
　ルイボスで酔わせて 210
　レモン・イェルパチェッロ 210
　ロックオン！バーボン 173
　ロングアイランド式アイスティー 189
カッピング 40〜41
カップ 70、108〜9
カフェイン 33
カメリア・シネンシス 14〜15、32
カメリア・シネンシス：アッサム種 14、69、87、88、124
　中国種 14、69、88、89、97、122、124、125

カモミール 138、144、146、147、149
　オレンジ&パイナップル&カモミール・バブルティー 197
　カモミール・バブルティー 197
　サザン・ベランダ 209
　竹の葉&カモミール&パイナップル 203
　ルイボスの草原 200
　レッドクローバー、レッドクローバー 206
カルダモン 143、147
　オーチャード・ローズ 179
　ローズ・ガーデン 165
カレンデュラ：カントリーガーデン・ブレンド 63
関節に効くティザン 147
韓国 22、66、112〜17
韓国の朝露 158
韓国茶文化協会 112
ガンパウダー緑茶 126
　ガンパウダー緑茶バブルティー 197
　グリーン・ハーモニー・フラッペ 158
　トロピカルパラダイス・ブレンド 63
　バーベナ緑茶ラテ 157
　モロッコ式ミントティー 154
霍山黄芽：サマー・パレス 191
キウイ：クール・トロピカル・フロート 214
北スマトラ 124
黄茶 10、27、191
　製茶 22、23
　抽出 47、58、59
キーマン 60、61
　キーマン・アレクサンダー 189
　香港式ミルクティー 176
　ムーンリットオーチャード・ブレンド 63
キャラメル（塩キャラメル・アッサム）176
きゅうり：きゅうりとハーブで涼しげに 204
　ミント・スムージー 214
玉露 24、97
キンカン：ひんやり武夷岩茶 172
キンモクセイ：キンモクセイ・フラッペ 212
　キンモクセイ緑茶 156
工夫茶 76、78〜83
グラス 56、109
グラン・マルニエ：プーアル・サングリア 190
クリー 91、109
グリーン・ハーモニー・フラッペ 158
クール・トロピカル・フロート 214
クルミ：スパイスペア・ブレンド 63
　チョコレート・ロック 169
　レモン龍井茶 154

グレード体系 90
クレーム・ド・カシス 209
君山銀針 27、47、75
君山銀針：フレグラント・パゴダ 191
ケニア 60、90、122〜3
　お茶の品種 14
　紅茶 26、60
　製茶 21、22
　チャノキの生育と収穫 18
健康増進（ティザン） 146〜9
献上茶 77
玄米茶 60
交易路 66
工芸茶 30
紅茶 26、74、176〜90、196
　製茶 21、22、23
　抽出 45、59
　効能 13、32〜3、66、68、69、132
後発酵茶 27
香味 36、37、48〜51
ココナッツ：ココナッツ抹茶 159
　トロピカルパラダイス・ブレンド 63
ココナッツアイスクリーム：ココナッツ・コブミカン・フロート 217
ココナッツウォーター：キンモクセイ・フラッペ 212
　ココナッツ抹茶 159
　パイナップル&ココナッツ・バブルティー 196
ココナッツクリーム：ココナッツ抹茶 159
　ピーチ・アッサム・ラテ 186
　ライチ・ストロベリー・フラッペ 168
ココナッツミルク：ガンパウダー緑茶&ココナッツ・バブルティー 197
ゴジベリー：ジェイド・オーチャード 152
コブミカンの葉：ココナッツ・コブミカン・フロート 217
コーラ：ロングアイランド式アイスティー 189
ゴールデン・サマー 164
コンブチャ 12、174〜5
コーンフラワー：カントリーガーデン・ブレンド 63

さ

栽培品種 14
サクランボ：アニス・アンド・アメリカンチェリー 207
　ムーンリットオーチャード・ブレンド 63
　ロッキング・チェリー 171
サザン・ベランダ 209
サニー・マンゴー・スムージー 217
サマー・パレス 191
サモワール 104

索引 221

酸化発酵 21、23、25、26
ジェイド・オーチャード 152
シェリー酒：フォーティファイド・アッサム 187
磁器 54、70、109
シグネチャーブレンド 60、72
シトラスピール 142、144
シトラスピール：シトラス・ジャスミン 152
シナモン 136、146、147
　　ゼスティー・トゥルシー 198
ジャワ島 124
種子 15、16、143
ジュニパーベリー：ノーザン・フォレスト 165
樹皮 136〜7
寿眉茶：寿眉茶&ライスミルク 197
　　ノーザン・フォレスト 165
　　フィッグス・オン・ザ・テラス 166
　　ヘーゼルナッツ・プラム・デライト 164
　　ライチ・ストロベリー・フラッペ 168
ショウガ 135、146、147
　　アップル・ジンジャー・ルイボス 198
　　オレンジスパイス・ブレンド 62
　　ジンジャー・アイスマテ茶 207
　　ジンジャー&アーモンドミルク・バブルティー 197
　　スパイスペア・ブレンド 63
　　ピリッとアイス煎茶 155
　　ローズヒップ&ショウガ&レモン 203
消化促進系ティザン 147、149
賞味期限 37、38〜9
ジン：キーマン・アレクサンダー 189
　　ルイボスで酔わせて 210
　　ロングアイランド式アイスティー 189
ジンジャービア：クール・トロピカル・フロート 214
信陽毛尖：アプリコット・リフレッシュ 159
スイートウッドラフ：白牡丹ポンチ 166
スーテーツァイ 95
スエズ運河 70
スターフルーツ：サマー・パレス 191
ストレス 32、33、139
スパイシー・セイロン 179
スパイスペア・ブレンド 63
スペアミント：ミント・スムージー 214
スムージー：アプリコット・リフレッシュ 159
　　オレンジ・スパイス・スムージー 212
　　ココナッツ抹茶 159
　　サニー・マンゴー・スムージー 217
　　マヤの夕暮れ 216
　　ミント・スムージー 214
　　韓国の朝露 158

スリッパリーエルム 137
スリランカ 60、70、90、92〜3、118
　　お茶の品種 14
　　紅茶 26、45
　　製茶 21
　　白茶 92
　　緑茶 13
製茶 20〜23
セイロン紅茶 26、60、61、92、94
　　オーチャード・ローズ 179
　　オレンジスパイス・ブレンド 62
　　スパイシー・セイロン 179
　　ティーガーデン・フロスト 180
　　香港式ミルクティー 176
　　モンスーン・シーズン 190
セージ 144
　　フィッグス・オン・ザ・テラス 166
　　ゼスティー・トゥルシー 198
煎剤 145
煎茶 24、60、96、97
千利休 98、101
ソジュ：リトル・グリーン・スネイル 161

た
竹の葉 146
竹の葉&カモミール&パイナップル 203
ダージリン 69、84、88〜9、90、121
ダージリン紅茶 72、84、88〜9、94
　　香味 45、51
　　製茶 22
　　抽出 58
　　ブレンド 61
　　マウンテン・フラッシュ 181
タイ 125
タイム：ピリッとアイス煎茶 155
台湾 13、106〜7、125
　　烏龍茶 25、44、51、106〜7
　　お茶の品種 14
タピオカ：タピオカティー 13、109、192〜3
タピオカティー 13、109、192、196
タングルド・ガーデン 168
タンポポの根 135、146、148
チコリ 135
チコリ：ローストチコリモカ 199
チベット 95、108、178
チャイ 91、182〜5
　　チャイ・バブルティー 196
チャイワーラー 91、182
茶園 20

茶器 54〜9、78〜9、98〜9
チャノキの生育 16〜17
チャノキを解剖する 15
茶の湯 28、98〜103、108
茶馬古道 66、76、95
茶葉の収穫 16〜17、88、89、96、106
茶礼 112〜17
中国 74〜5、106、109、110、125
　　烏龍茶 25、74、78
　　お茶の品種 14、74〜5
　　お茶の歴史 66〜7、69、76〜7、90、95、104
　　蓋碗 56
　　黄茶 27、47、75
　　工夫茶 76、78〜83
　　工芸茶 30
　　紅茶 26、45、74
　　コンブチャ 174〜5
　　製茶 16、17、21、22、60
　　白茶 25、43、75
　　プーアル茶 27、75
　　抹茶 28
　　薬としてのお茶 32
　　緑茶 24、42、72、74、75
抽出時間 42〜7
チョークチェリー 136
チョコレート 51
　　キーマン・アレクサンダー 189
　　チョコレート&アーモンドミルク・バブルティー 196
　　チョコレートチャイ 184
　　チョコレート・フィグ 178
　　チョコレートミント 62
　　チョコレート・ロック 169
　　プーアル・チョコレート 187
　　マヤの夕暮れ 216
　　よくばりチャイ 184
地理的表示（GI） 86、88
ティーバッグ 10、37、71、86

222　索引

製茶 21、87
　　ブレンド 26、45、124
ティーポット 54、78
ティザン 132〜49、198〜217
テイスティング 40〜41
テキーラ：ロングアイランド式アイスティー 189
デザートティー 12、62〜3
鉄観音 25、78、107
　　アイス鉄観音 172
　　烏龍茶バブルティー 196
　　グレープ鉄観音 171
　　鉄観音ウォッカ 173
デトックス 32、138、146、148
手摘みの茶葉 17
テロワール 18〜19、20
ドイツ 94
トウガラシ：ピリ辛チャイ 184
トゥルシー 141
　　ゼスティー・トゥルシー 198
豆腐：マヤの夕暮れ 216
トリプルセック：ロングアイランド式アイスティー 189
トルコ 109、118〜19
トロピカルパラダイス・ブレンド 63

な

梨：アイス鉄観音 172
日本 96〜103、108、110
　　お茶の品種 14、15、97
　　お茶の歴史 66
　　玄米茶 60
　　製茶 22
　　茶の湯 28、98〜103、108
　　抹茶 28、29
　　緑茶 10、24、72、96〜7
ニルギリフロスト 84、85
根 134〜5、144、145
ネパール 121
ノーザン・フォレスト 165

は

パイナップル：オレンジ&パイナップル&カモミール・バブルティー 197
　　クール・トロピカル・フロート 214
　　竹の葉&カモミール&パイナップル 203
　　パイナップル&ココナッツ・バブルティー 196
ハイビスカス 138、147、148
　　ハイ・マウンテン・コンフォート 169
　　ロージー・シトラス・フロスト 208
白毫銀針 30
白茶 10、15、25、164〜8

製茶 22
抽出 43
白牡丹 43
　　ゴールデン・サマー 164
　　タングルド・ガーデン 168
　　白牡丹ポンチ 166
　　ローズ・ガーデン 165
バジル 141、147
　　アロエ・ゼア・フラッペ 216
　　きゅうりとハーブで涼しげに 204
　　ティーガーデン・フロスト 180
蓮の花茶 120
バター茶（ポーチャ）95、108、178
ハチミツ 51
　　アプリコット・リフレッシャー 159
　　オーチャード・ローズ 179
　　はちみつレモン抹茶 155
　　ハニー・ペパーミント・バブルティー 197
バードックルート 134、146、148
花：お茶 30
　　ティザン 138〜9
バニラチャイ 184
ハーブ系ティザン 132〜49
バブルティー 194
バーベナ緑茶ラテ 157
バーボン：サザン・ベランダ 209
　　ロックオン！バーボン 173
ハラペーニョ：スパイシー・セイロン 179
春の訪れ 202
春先の緑茶 15
ハワイ州 128
葉を使ったティザン 140〜41
繁殖 17
般若露緑茶 112〜17
東インド会社 67、69、90
東フリジア（ドイツ）94
美容系ティザン 146
ビターオレンジ・ラテ 186
ファニングス 21、37、90
武夷岩茶 44
　　チョコレート・ロック 169
　　ひんやり武夷岩茶 172
　　ロッキング・チェリー 171
　　ロックオン！バーボン 173
フィンガーライム：シトラス・ジャスミン 152
プーアル茶 10、27、51、75、77
　　製茶 22、23
　　抽出 46、59

フェンネル 143、147
フェンネル：クレーム・ド・カシス 209
フェンネル&レモングラス&洋梨 202
仏教 66、77
ぶどう：グレープ鉄観音 171
　　白牡丹ポンチ 166
　　マウンテン・フラッシュ 181
ブラックカラント：ハイ・マウンテン・コンフォート 169
フラッペ：アロエ・ゼア・フラッペ 216
　　キンモクセイ・フラッペ 212
　　グリーン・ハーモニー・フラッペ 158
　　スパイシー・スイート・ルイボス 213
　　フルーティー・フロス 213
　　ライチ・ストロベリー・フラッペ 168
プラム（ヘーゼルナッツ・プラム・デライト）164
プランテーション 19、20、84
ブルーベリー 142、147
フレグラント・パゴダ 191
ブレックファーストブレンド 60
フロート：クール・トロピカル・フロート 214
　　ココナッツ・コプミカン・フロート 217
ベイサイド・ヴィラ 199
ヘーゼルナッツ・プラム・デライト 164
ペコ 15、25
ペットボトルのお茶 13
ベトナム 120
ペパーミント（ハニー・ペパーミント・バブルティー）197
ベルガモット 61
　　ベルガモット・シトラス 118
北米 68、70、71、72
ボストン茶会事件 68
保存 38〜9
ボツタカニク 104、108
香港式ミルクティー 176

ま

マグ 55、109
マサラチャイ 10、12、91、182〜3、185

索引 223

抹茶 12、13、24、28〜9、74、97
　ココナッツ抹茶 159
　茶の湯 98〜103
　はちみつレモン抹茶 155
　抹茶&ミント・バブルティー 196
　抹茶ラテ 29、157
松の実：ノーザン・フォレスト 165
茉莉龍珠：シトラス・ジャスミン 152
　ジャスミンの夕べ 161
マテ（イェルバ・マテ）132、141
　ジンジャー・アイスマテ茶 207
　ライム・アイスマテ茶 208
　レモン・イェルバチェッロ 210
マラウイ 15
マリニン 122
マルベリーリーフ 140
　春の訪れ 202
マンゴー：サニー・マンゴー・スムージー 217
　トロピカルパラダイス・ブレンド 63
　マンゴー&紅茶バブルティー 196
水 52〜3
水出し用インフューザー 58〜9
密輸 68、69、90
ミント 140
　きゅうりとハーブで涼しげに 204
　クール・トロピカル・フロート 214
　チョコレートミント・ブレンド 62
　抹茶&ミント・バブルティー 196
　ミント・スムージー 214
　モロッコ式ミントティー 154
ムーンリットオーチャード・ブレンド 63
ムンナール 71、84、85
メロン：グリーン・ハーモニー・フラッペ 158
蒙頂黄芽 27、47
もも：スパイシー・スイート・ルイボス 213
　ピーチ・アッサム・ラテ 186
　プーアル・サングリア 190
モロッコ 109、126
モロッコ式ミントティー 126、154
モンクブレンド 61
モンゴル 67、68、95、104
ゆず（アイスゆずアッサム）180

や

湯温 48、52〜3
洋梨：韓国の朝露 158
　ジェイド・オーチャード 152
　スパイスペア・ブレンド 63
　フェンネル&レモングラス&洋梨 202

フルーティー・フロス 213
ヨーグルト：アプリコット・リフレッシュ 159
　オレンジ・スパイス・スムージー 212
　クール・トロピカル・フロート 214
　サニー・マンゴー・スムージー 217

ら

ライスミルク：バーベナ緑茶ラテ 157
　寿眉茶&ライスミルク 197
ライチ：キンモクセイ・フラッペ 212
　ライチ・ストロベリー・フラッペ 168
ライム：スパイシー・セイロン 179
　ライム・アイスマテ茶 208
　ライムフラワー 139、146
ラズベリー・レモン・バーベナ 200
ラテ：チャイ・ラテ 185
　バーベナ緑茶ラテ 157
　ビターオレンジ・ラテ 186
　ピーチ・アッサム・ラテ 186
　抹茶ラテ 29、157
ラプサンスーチョン 12、23、61、77
ラベンダー 133、139、147、149
　ラベンダー：ルイボスの草原 200
ラム：ジャスミンの夕べ 161
　プーアル・チョコレート 187
　ホットバターラムチャイ 184
　ロングアイランド式アイスティー 189
ランブータン：アイス龍井茶 156
リコリス 134、146、147
リトル・グリーン・スネイル 161
リモンチェッロ：モンスーン・シーズン 190
　レモン・イェルバチェッロ 210
緑茶 10、24、152〜61、197
　製茶 22
　抽出 42、58、59
リラックス系ティザン 147、148
リンゴ 51
　アップル・ジンジャー・ルイボス 198
　オーチャード・ローズ 179
　フルーティー・フロス 213
　レッドクローバー、レッドクローバー 206
ルイボス 141、149
　アップル・ジンジャー・ルイボス 198
　スパイシー・スイート・ルイボス 213
　ルイボスで酔わせて 210
　ルイボスの草原 200
　ロージー・ルイボス 204
レッドクローバー 139
　レッドクローバー、レッドクローバー 206

レモン：アイス鉄観音 172
　はちみつレモン抹茶 155
　レモン・イェルバチェッロ 210
　ローズヒップ&ショウガ&レモン 203
　ロングアイランド式アイスティー 189
レモングラス：グリーン・ハーモニー・フラッペ 158
　トロピカルパラダイス・ブレンド 63
　フェンネル&レモングラス&洋梨 202
レモンバーベナ 140、146、147
　バーベナ緑茶ラテ 157
　ラズベリー・レモン・バーベナ 200
レモンバーム 140、144
レモンマートル：レモン龍井茶 154
レンブ：キンモクセイ緑茶 156
ローズウォーター：オーチャード・ローズ 179
ローズヒップ 143、146、147、148
　ロージー・シトラス・フロスト 208
　ローズヒップ&ショウガ&レモン 203
ローズマリー 146
　バラ茶ブレンド 61
　リトル・グリーン・スネイル 161
　ロージー・ルイボス 204
　ローズ・ガーデン 165
ローターバン 21、71
ロシア 68、104、108
ロシアンキャラバン・ブレンド 61
ロッキング・チェリー 171
ロックオン！バーボン 173
ロングアイランド式アイスティー 189
龍井茶 24、75

わ

ワイルドチェリー 136、147
ワイン：プーアル・サングリア 190

［A to Z］
CTC製法（押しつぶす、引きちぎる、丸める）
　　　　　　　　21、87、122、123

著者

リンダ・ゲイラード：カナダ茶協会認定ティーソムリエのカナダ人。トロントのジョージブラウンカレッジ調理科ティーソムリエ課程卒。2009年、著名なワードローブスタイリストとしてのキャリアを離れ、ウェブサイト「The Tea Stylist」を開設。このウェブサイトの主宰として最もよく知られている。また、国際的なお茶関連誌への寄稿、テレビのインタビューやライフスタイル系ビデオブログへの出演、テイスティングやイベントの主催なども行っている。

これまでに、お茶の知識を求めて中国や韓国など世界各国に足を運び、茶園や生産者を訪問したり、美しいお茶の数々を実際に味わったりしてきた。世界的なお茶の見本市「World Tea Expo」をはじめ、世界中のさまざまなお茶の展示会に定期的に出席し、トークショーを行っている。

監修者

磯淵 猛：1951年愛媛県生まれ。日本の紅茶研究における第一人者。青山学院大学卒業後、大手商社に入社して貿易を覚えるうちに紅茶の魅力に惹かれ退社。1979年紅茶専門「ディンブラ」を開業。1994年株式会社ティー・イソブチカンパニーを設立。スリランカ、インド、中国の紅茶の輸入を手がけ、紅茶の特徴を生かした数百種類のオリジナルメニューを開発。ティー&フードのペアリングを提案し、プロセミナーの開催、コンサルティング、プロデュースを行う。「キリン午後の紅茶」アドバイザー。モスバーガーが運営する「紅茶とワッフルの店・マザーリーフ」のアドバイザーも務める。日本創芸教育にて通信教育「紅茶コーディネーター講座」の主任教授を務める。著書に『紅茶の教科書』（新星出版社）、『一杯の紅茶の世界史』（文藝春秋）、『紅茶の手帖』（ポプラ社）など、著書多数。

日本語翻訳者　江原　健
日本語版デザイン　菊地慶矩（ムーンクロウスタジオ）

完璧な一杯を淹れるためのテクニックを紹介─
世界のお茶・基礎知識・文化・ブレンド・レシピ

TEA BOOK

2016年 9月16日 発行　　　　　　　　　　　NDC596

著者　Linda Gaylard（リンダ ゲイラード）
監修者　磯淵　猛（いそぶち たけし）
発行者　小川　雄一
発行所　株式会社 誠文堂新光社
　　　　〒113-0033　東京都文京区本郷3-3-11
　　　　（編集）電話 03-5800-3612
　　　　（販売）電話 03-5800-5780
　　　　http://www.seibundo-shinkosha.net/

©Dorling Kindersley Limited, 2016　　　　Printed in Hong Kong

検印省略
（本書掲載記事の無断転用を禁じます）
落丁・乱丁本はお取り替えいたします。
本書のコピー、スキャン、デジタル化等の無断複製は、著作権法上での例外を除き、禁じられています。本書を代行業者等の第三者に依頼してスキャンやデジタル化することは、たとえ個人や家庭内での利用であっても著作権法上認められません。

Ⓡ〈日本複製権センター委託出版物〉
本書の全部または一部を無断で複写複製（コピー）することは、著作権法上での例外を除き、禁じられています。本書からの複写を希望される場合は、日本複製権センター（JRRC）の許諾を受けてください。
JRRC〈http://www.jrrc.or.jp　E-mail：jrrc_info@jrrc.or.jp　電話：03-3401-2382〉

ISBN978-4-416-61640-6

ACKNOWLEDGMENTS

The author would like to acknowledge the encouragement of her friends and family (especially Angus, Malcolm, and Roger), and the generosity of her colleagues in the tea industry – a community that is eager to share knowledge and celebrate one's achievements. Thank you also to Kathy Woolley, DK's Project Editor who kept us all on course.
I raise a cuppa to you all!

DK would like to extend warm thanks to Don Mei and Celine Thiry of Chinalifetea.com for the Chinese Gongfu Cha, Peter Cavaciuti, Michi Warren, and Teiko Sugie of the Kaetsu Chado Society for the Japanese Chanoyu, and Jeunghyun Choi for the Korean Darye.

They would also like to thank:
Photography: William Reavell
Home economist: Jane Lawrie
Prop styling: Isabel de Cordova
Proofreading: Claire Cross
Indexing: Vanessa Bird
Editorial assistance: Bob Bridle
Design assistance: Laura Buscemi
Cartographic assistance: Simon Mumford

Picture credits
The publisher would like to thanks the following for their kind permission to reproduce their photographs:

(Key: a–above; b–below/bottom; c–centre; f–far; l–left; r–right; t–top)

14(b) Linda Gaylard, 66(tc) Linda Gaylard, 91(tr) Christopher Pillitz © Dorling Kindersley, 119(br) Barnabas Kindersley © Dorling Kindersley, 128–129(bc) Linda Gaylard, 136(cl) Mark Winwood © Dorling Kindersley, Courtesy of RHS Wisley.

All other images © Dorling Kindersley.

Original Title: The Tea Book
Copyright © 2015 Dorling Kindersley Limited, London
A Penguin Random House Company

Japanese translation rights arranged with Dorling Kindersley Limited, London through Fortuna Co., Ltd. Tokyo.

For sale in Japanese territory only.

Printed and bound in Hong Kong

A WORLD OF IDEAS: SEE ALL THERE IS TO KNOW
www.dk.com